Além da LOUSA

Unidos pelo propósito da educação nacional

EDITORA
CHAVE MESTRA

Título original em Português:
Além da Lousa-
Unidos pelo propósito da educação nacional

Direção editorial: Raquel Medeiros
Revisão: Híllona Anjos
Assistente editorial: Amanda Oliveira
Diagramação: Weslei Eugênio
Branding de capa: Sergio Macceddo

Dados Internacionais de Catalogação na Publicação (CIP)

Vale, Rogério (Organizador)
V149 Além da Lousa: unidos pelo propósito da educação nacional / Rogério Vale (Org) – Barueri, SP: Chave Mestra Editora, 2023.
248 p.: 16 x 23 cm

ISBN 978-65-84979-49-9

1. Educação. 2. Professor. 3. Desenvolvimento pessoal. 4. Empreendedorismo. 5. Profissionalização. 6. Desenvolvimento profissional. I. Título.

CDD 370

EDITORA
CHAVE MESTRA®

S U M

ÁRIO

PREFÁCIO

Fazer um prefácio para um livro como esse é motivo de prc funda alegria e orgulho, tamanho respeito que tenho pelos profissic nais da educação, bem como o time que compõe essa obra, que na: ceu em meu coração e foi abraçada por uma turma linda de autore que você terá a oportunidade de conhecer. Essa obra reúne tambér práticas que abrem boas oportunidades para a experimentação, po entendemos que cuidar do emocional do educador é de extrem importância para garantir um ambiente educacional saudável e prc dutivo.

Os professores lidam com uma série de desafios emociona em sua profissão, como pressão, estresse, frustrações e até mesm desgaste emocional, que vêm de estarem sempre disponíveis par apoiar os alunos, os pais e a própria gestão escolar. Essa obra consis te em aprender novas respostas às provocações das crianças e adc lescentes, e que pode levar à novas atitudes e abrir novos caminho onde florescem relacionamentos harmoniosos. Por essa razão, é tã importante estarmos conscientes do que somos, do que sentimos. muito triste ver pessoas com tanto carinho e vontade de cuidar, en sinar crianças e adolescentes propiciando-lhes vivências frustrantes que geram sentimentos de inadequação, impotência, culpa, sensa ção de não ser querido, medo de ser desqualificado.

Um ambiente educacional saudável é aquele em que as pes soas se sentem protegidas aos experimentarem novas condutas amadas simplesmente por existirem e compreendidas na sua indi vidualidade. Nossos alunos são mestres que a existência envia para que os professores tenham novas oportunidades de aprendizado quando quem ensina sabe que, em sua tarefa, existe sempre a gran de oportunidade da descoberta. Não existe mais espaço para os donos da verdade! Neste momento histórico de transformação da humanidade, com mudanças tão rápidas, um conhecimento se torna ultrapassado em minutos. Apenas a abertura para o aprendizado e a postura de procurar a integração, a compreensão e a cooperação são permanentes.

Nas páginas a seguir, você desenvolverá a sua mente de maneira onde conseguirá encontrar um caminho lúcido, seguro, ɔjetivo e aplicável para desenvolver todas as mpetências que essa nova configuração de undo exige dos educadores. E, mais importan- do que isso, saberá como agregar valor a es- s competências; tornando suas atitudes cada ez mais construtivas e assertivas. Digo que a ɔssa vida é uma série de desafios que exigem e cada um nós a coragem para avançar. Avan- ɪr, às vezes, com medo e preocupação, outras ɔm alegria, coragem; exaustos, mas avançar empre e sempre.

Porque no final das contas, todo mundo uer ser feliz, se sentir bem, ter paz de espírito ter uma vida próspera. E eu não tenho dúvida e que este livro é uma ferramenta para isso.

Você encontrará 30 profissionais alta- ente qualificados na educação, com histórias e vidas reais que cada um viveu, experienciou ressignificou, sem dúvida nenhuma, você se onectará com algumas dessas histórias, senão ɔdas, e verá que você também pode ser um ducador além da lousa.

Que essa obra sirva como ponto de eflexão e impulso para relacionamentos mais rofundos e plenos.

Com carinho,

Géssica Fernandes

CEO e formadora do programa Além da Lousa

@gessica.fernandes_

@alem.dalousa

ADRIANA MACEDO

Quando me olho no espelho, vejo quem me tornei e as conquistas que alcancei. Uma mulher muito mais apaixonada por viver, que se relaciona de forma mais livre com as pessoas e que tem brilho nos olhos.

As formações em Terapia Integrativa Sistêmica, Análise Corporal Comportamental, Gestão Emocional, PNL e *Coaching* foram o suporte que eu precisava para realizar a missão de contribuir com as pessoas, cumprindo o propósito de ajudá-las a expandir a consciência, apresentar domínio emocional e bem-estar na vida, através da educação emocional.

Como terapeuta, levo o autoconhecimento para as pessoas, e você, querido leitor, pode me conhecer melhor através do WhatsApp ou pelo Instagram, será um prazer te ver por lá.

@drimacedo.oficial

+55 (14) 99128-4332

1 VOCÊ ESTÁ ABERTO AO NOVO?

Por Adriana Macedo

Quando pensamos em algo "novo", logo vem à nossa mente que é necessário realizar mudanças, gerando um sentimento de perda e insegurança em abrirmos mão de conceitos que nos foram ensinados, que carregamos como verdade sem ao menos questionar o porquê ou se realmente faz sentido para quem somos. O "novo" traz o medo do desconhecido e eu costumava me sentir exatamente assim.

Este capítulo tem a proposta de, através da minha história de vida, falar sobre o quanto o conhecimento e os aprendizados que adquiri além da lousa, já na fase adulta, sobre autoconhecimento e inteligência emocional, foram importantes para o meu desenvolvimento e para as minhas conquistas presentes e futuras. O entendimento de que o que vivo hoje é fruto das verdades que foram formadas em mim na infância e das minhas memorias conscientes ou inconscientes foi fundamental.

Também tenho a intenção de trazer uma reflexão sobre o quanto essa educação emocional pode trazer benefícios tanto para a sua vida atual- quer você seja profissional da educação ou não- como para os cidadãos que estão sendo formados em sala de aula. É bem verdade que a história que você vai ler a seguir seria muito diferente se eu tivesse acessado esse conhecimento na minha infância. Diante disso, lhe convido, a partir de agora, a me acompanhar nesse capítulo da minha história e o meu desejo é que ela lhe sirva de inspiração.

Em um dia muito especial para mim, meu aniversário, acordei e não queria abrir os olhos, como se não desejasse encarar a realidade ao meu redor, devido à sensação de que mais um ciclo estava iniciando e tudo continuaria igual. Ansiava por um milagre e que algo acontecesse diferente a partir daquele momento, porém, quando realmente me olhei no espelho, os meus olhos me conduziram para uma viagem no tempo, onde me deparei com uma menina de 5 anos, a minha criança, que expressava alegria, sonhos, desejos, ousadia, energia de viver e era uma verdadeira aventureira que arriscava coisas novas com um brilho no olhar.

Mas... de repente, lá estava eu: adulta, esposa, mãe, cuidando/ajudando pessoas e infeliz comigo mesma, com quem havia me tornado. Tinha tudo aparentemente para me sentir feliz, no entanto, minha alma estava sem vida e algo gritava dentro de mim, dizendo: "Você precisa mudar, faça algo! Não percebe que está morrendo aos poucos?". Confesso que levei um susto e fiquei paralisada por alguns minutos, me olhando no espelho e concluí que isso era a mais pura verdade. Eu realmente me vi dentro de um abismo, não via nenhuma saída, era uma dor na alma estar ali há tantos anos e mais uma vez senti aquela vontade de abandonar tudo, casamento, família e minha vida, e num repente pude perceber...

Compreendi que havia me colocado em várias caixinhas, sempre buscando me encaixar em algo perfeito, ser a boa filha, a boa esposa, a boa mãe, a boa nora, a boa, a boa... e assim perdi o que era mais precioso em mim, a minha essência. Esse é o ponto que quero trazer aqui para você, meu querido leitor, o quanto é importante possuir clareza sobre quem somos. Somente assim deixamos de ser as projeções, as expectativas dos outros e nos tornarmos protagonistas da nossa história.

Nessa época, encontrava-me sem profissão, cuidando da família e dos afazeres de casa, que são essenciais para a construção de uma estrutura familiar, porém, não me enxergava fazendo apenas isso. Diante desse cenário, comecei a me envolver nos problemas dos outros, buscando ajudá-los e acreditando que assim me sentiria útil, amada, reconhecida. Todavia, me enganei.

Aos poucos, meu corpo foi adoecendo e surgiram doenças (gripes, alergias, enxaquecas, ansiedade, sobrepeso, tendinite, bursite, endometriose e depressão) que consideramos serem normais, porém, o que eu não imaginava é que naquela época o meu emocional estava sobrecarregado e buscava me alertar que ele não suportava as cargas que estava carregando. A endometriose me levou à retirada do útero e dos ovários, disparou gatilhos inconscientemente e provocou alterações nos meus comportamentos, onde encontrava-me mais explosiva, crítica, além de apresentar autocobrança excessiva, no qual lentamente o sentido da vida se perdeu, iniciando em mim um quadro depressivo.

Eu imagino que você tenha passado por pequenos e grandes episódios em sua vida, alguns foram deixados de lado, convencendo a si próprio de que tudo estava bem e que poderia seguir em frente. Entretanto, outros abriram portas no seu inconsciente de feridas que não estavam resolvidas, refletindo as dores da rejeição, do abandono, da humilhação, da exclusão ou até mesmo da manipulação que sofreu quando criança, que está nas profundezas de sua alma esperando por uma solução.

Hoje compreendo que não existe o acaso e sim, que nós criamos nossa realidade. Sabe aquela velha frase popular: "O seu mundo muda quando você muda"? Foi assim que aconteceu comigo quando estava me olhando no espelho no dia do meu aniversário, há 7 anos, no qual decidi que necessitava mudar a minha vida. Naquele momento, não sabia para qual caminho ir, mas decidi que não queria continuar naquela situação medíocre que acreditava ser meu destino, me convencendo todos os dias de que estava tudo bem, usando a minha idade para justificar que era loucura voltar a estudar depois de tanto tempo e que era normal só cuidar da família, ou seja, muitas crenças enraizadas dentro de mim, mas que nenhuma era totalmente verdade.

O grande dia chegou, o momento da descoberta de tudo que estava acontecendo na minha frente e eu ignorava algumas vezes, em outros momentos não queria enxergar, faltava muita consciência para mim. Sem saber ao certo do que se tratava, me matriculei em um curso de Coaching e antes que você faça o seu julgamento sobre essa metodologia, apenas continue a leitura. Vamos lá!

Praticamente caí de paraquedas, eu, uma dona de casa em um curso que nem sabia como poderia me ajudar, no meio de profissionais e empresários de várias áreas, todos em busca de ferramentas e eu me sentindo perdida e pequena. Tive vontade de sair correndo para não voltar mais depois de uma atividade, porém, meu professor pediu um voto de confiança e que continuasse ali. Naquele momento me senti especial, de alguma forma ele se importou comigo, então fiquei. Com o tempo, a cortina se abriu diante dos meus olhos, no qual consegui enxergar minha história sendo contada de uma maneira muito diferente, mostrando uma vida cheia de novidades onde eu conseguiria viver, porque na realidade, eu só sabia sobreviver.

A partir desse momento, comecei a tomar as minhas primeiras decisões, acredito que as mais doloridas da minha vida, de olhar para mim e entender em que momento eu havia me esquecido, então iniciei um profundo e lindo processo de autoconhecimento. Tudo começa pela **decisão** de fazer a travessia, pois, senão ousarmos fazê-la, ficaremos para sempre parados às margens de nós mesmos. Nesse momento, é preciso escolher abandonar as roupas usadas que estão com a forma do nosso corpo e que nos levam sempre para os mesmos lugares.

Percebi fazendo o movimento de compensação que a psicologia explica, que é uma estratégia pelo qual um indivíduo esconde, conscientemente ou inconscientemente, fraquezas, frustrações, desejos, sentimentos de inadequação ou incompetência em uma área da vida através da gratificação ou sucesso em outra área. Logo, compreendi que, quanto mais fugimos da nossa escuridão, mais ela ocupa espaço dentro de nós, nos incomodando para encará-la de frente e entender para onde ela quer nos levar.

O primeiro passo foi comunicar a minha tristeza, o que não estava me fazendo bem para as pessoas que mais amo, minha família, e dizer que eu iria mudar a partir daquele momento. Voltei a estudar, aquilo que sempre amei- o desenvolvimento humano- e trabalhei minhas crenças, pois durante muito tempo pensei que não era capaz, por isso que toda transformação parte de dentro.

Nessa jornada, cuidei de mim e entendi que as dores estão guardadas na parte mais profunda da nossa alma, memórias conscientes ou inconscientes da nossa infância. E você deve estar se perguntando nesse momento: o que o passado tem a ver com meu presente? Tudo! A bem da verdade é que ter o nosso passado resolvido, determina a construção do nosso futuro e somos os únicos responsáveis por essa construção.

O segundo ponto que aprendi foi a **autorresponsabilidade**, sair do papel de vítima, da criança coitadinha, uma postura infantilizada em que muitos adultos se encontram hoje em dia. Aqui, entendi que era fundamental cuidar da minha criança interior, isso mesmo, ir aos momentos da minha vida em que a criança ficou parada, à espera dos pais.

Usando uma metáfora, **ressignificar** a nossa história é como pegar pequenas pastilhas de vidro, quebrar em pequenos pedaços, colar os cacos e montar um mosaico, uma nova imagem, onde tudo faz parte, porém, com um novo significado, outra energia, com a vibração do amor e da gratidão, da forma como somos.

Os pontos que nos move são a **indignação** de estar da forma como estamos, justificando que a vida é assim e que não existem outros caminhos. Depois nos dar a **permissão** e livrar-nos da *dependência emocional* que permeia a nossa vida nos aprisionando no lado escuro da alma, que hoje sinto ser o maior mal da humanidade que vem impedindo a evolução pessoal.

Gosto muito de lembrar de uma frase da querida Louise L. Hay que diz: *"Na infinidade da vida onde estou, tudo é perfeito, pleno e completo. Minha vida é sempre nova. Cada instante de minha vida é novo, fresco e vital. Uso meu pensamento afirmativo para criar exatamente o que quero. Este é novo dia. Eu sou nova. Penso, falo e ajo de modo diferente. Meu mundo é reflexo do meu novo modo de pensar"* e esse é meu jeito novo de ser. Assim como ela defende o poder que temos em poder curar a nossa vida, eu compreendo que tudo está dentro de nós, porque o poder infinito faz parte de mim, e quando acessamos esse poder a mente se conecta com o novo, com infinitas possibilidades que estão disponíveis para nós.

Estou chegando quase ao fim e espero que você tenha entendido que o caminho é longo (eu sei), mas é possível e é real! É como uma linda tela pintada à mão, com cores chamadas: **Essência, Decisão, Permissão, Foco, Constância e Adaptabilidade.**

Para finalizar, concluo dizendo: *Desafie suas próprias suposições, que são como janelas da alma, que necessitam serem limpas para a luz entrar. Isto é, se permitir ao novo, que vem através da mudança, no qual acontece quando a sua **dor de mudar é menor que a dor de permanecer no mesmo lugar**. Logo, reclamar e murmurar não vai resolver a sua vida, assim como suportar não fará de você a pessoa mais forte ou inteligente e sim, quando você aceitar os convites de mudanças que a vida lhe traz.* Desejo que você se permita experimentar o novo em sua vida, assim como eu experimento.

> Tudo começa pela decisão de fazer a travessia, pois, se não ousarmos fazê-la, ficamos para sempre parados às margens de nós mesmos.
>
> **Adriana Macedo**

ALINE PITTOW

Nascida no Rio Grande do Sul, sou uma menina sonhadora e me tornei pedagoga de profissão. Hoje estou como mentora, especialista em gestão e escala de escolas infantis.

Atualmente, sou CEO da Escola Infantil Estação da Alegria e da Agência Digital Yellow.

Acredito na potência dos sonhos e desde muito cedo vivo intensamente para realizá-los.

Hoje, estou no Instagram com o perfil chamado @papodediretora, onde diariamente alimento sonhos de diretoras de elite para se tornarem reais e tornarem suas escolas infantis em escolas lucrativas, também inspiro e mostro o caminho às pessoas que querem ingressar nessa jornada.

Um forte abraço e espero te inspirar a não engavetar seus sonhos e poder vivê-los intensamente!

@papodediretora

contato@ydigital.com.br

2 VOCÊ PODE SONHAR

Por Aline Piittow

Desde muito pequena eu tinha muitos sonhos, sonhar era meu refúgio para uma vida que cabia exatamente ali em meus pensamentos. As condições eram como de muitas famílias brasileiras, meus pais trabalhavam muito para trazer o sustento para casa.

Nossa casa tinha uma inclinação na qual eu brincava e fazia de escorregador. Nossa vida não era fácil, me recordo, já maiorzinha, dos meus pais discutindo muito por causa do dinheiro e viviam dizendo que estavam apertados. Cresci, então, com o desejo de ter uma vida diferente e enxergava esse futuro diferente em minhas professoras. Desde muito cedo sabia responder aquela famosa pergunta feita pelos adultos: "o que você vai ser quando crescer?" Eu queria ser professora.

Como já era esperado, fui cursar Magistério no término do Ensino Fundamental. O dinheiro era contado nessa época, foi quando resolvi ingressar logo no mercado de trabalho, afim de ajudar minha família e conseguir custear alguns dos meus gastos. Procurei muito um emprego na minha área, mas como eu estava no começo, ninguém me dava oportunidade por coisas óbvias, não era formada e não tinha experiência.

Então, minha prima conseguiu uma vaga para que eu trabalhasse no McDonald's. Até que um belo dia, no caixa do Mc, em uma conversa informal com uma cliente, falei que cursava Magistério e estava procurando algo nessa área. Então ela me disse que era dona de escola, fiquei muito feliz e fui logo pedindo uma oportunidade e ela me falou: Sim, vai lá na escola na segunda-feira, para conversarmos".

Lá estava eu na segunda-feira, mas o que eu não sabia era que aquela escola era justamente onde eu não queria trabalhar, eu havia deixado currículo em vários lugares, mas ali não. Aí vocês vão me falar: "Por que, Aline?". Meu grau de merecimento era muito baixo e eu tinha várias crenças limitantes e aí já vem a primeira lição desse capítulo: *não diminua o tamanho dos seus sonhos, nem mesmo ache que você não é capaz de realizar ou desempenhar a sua função com maestria em qualquer lugar que esteja.* A escola na qual eu iria começar era uma escola de famílias com o padrão alto, então não me achava capaz de trabalhar ali, por não estar na mesma condição que eles.

Thony Robbins ilustra bem isso em seus livros. Segundo Robbins, o grau de merecimento refere-se à crença que uma pessoa tem em si mesma e em sua capacidade de alcançar o que deseja. Ele acredita que muitas pessoas têm sonhos e objetivos, mas acabam se sabotando porque não se sentem merecedoras deles.

Fui contratada e fiquei na escola por alguns anos, porém o salário começou a me incomodar, eu ganhava 380 reais e não me sobrava nada. Até que um belo dia, recebi uma proposta que triplicou o meu salário, mas me colocou em um grande dilema. Precisaria renunciar ao Magistério caso quisesse trocar de emprego, iria precisar trabalhar o turno integral, então não sobraria espaço para continuar estudando. Infelizmente, foi isso que eu fiz, naquele momento o dinheiro pesou mais e desisti do Magistério no 4º ano, no final de outubro. Hoje percebo que nem tudo que vejo significa sucesso e necessidade, mas tudo que eu sinto e sonho existe uma urgência invisível da alma para realizar, então acabamos muitas vezes "metendo os pés pelas mãos".

Segunda lição do capítulo: *tenha pressa para realizar, mas cautela para tomar uma decisão, pois ela impactará no seu futuro.*

Foi quando chegou a hora do famoso vestibular e, lógico, prestei para Pedagogia. Logo saiu o resultado e sim, fui APROVADA. Aqui é importante frisar que você vai ouvir muitas pessoas falarem das suas escolhas, agora vem a terceira lição desse capítulo: *não deixe as pessoas determinarem o que é fácil ou difícil na sua vida, nem roubar a sua felicidade*, chamaria essas pessoas de sequestradores da alegria, então não deixe ser sequestrada por pessoas que não sabem sobre seus sonhos.

Cheguei em casa muito feliz, contando que havia passado no vestibular e que me tornaria uma pedagoga de muito sucesso e tal foi a minha surpresa quando minha irmã olhou para mim e falou: "Vai morrer de fome". Talvez não fosse mesmo o sonho da minha família que eu fizesse Pedagogia. Afinal, o pensamento era: "Com tantas profissões no mundo foi escolher justo essa. Trocar fraldas e cuidar do filho dos outros. Por favor, né, Aline?" Foi então que, mais do que nunca, precisaria entender melhor sobre o meu sonho e os desafios das nossas escolhas.

Somnium, em latim, significa "sonho", ou um estado de sono durante o qual a mente produz imagens vividas e surreais. Era assim que as pessoas viam meu sonho, surreal, as pessoas ao meu redor viam essa profissão como muitos ainda enxergam hoje, uma profissão desvalorizada e pequena.

Porém, sonho para mim vem do coração, um desejo ardente da alma, é um estado do nosso espírito feliz. É a maneira de conquistar o mundo. Agora vem a quarta lição do capítulo: *não importa o que os outros vem ou enxergam, o que importa é o que você vê, como você enxerga o seu sonho*. Você consegue me responder como você tem enxergado os seus sonhos?

Após passar pela empresa, trabalhei como vendedora e gerente de loja, mas não era 100% feliz. Observo como as pessoas têm dificuldades e demoram para sair de lugares onde elas não são felizes. Mas na vida, ou estamos vivendo, crescendo, evoluindo em busca dos nossos sonhos ou estamos morrendo, vivendo os sonhos dos outros. Me conta, em qual lugar você está?

Aqui eu já trago a quinta lição do capítulo: *as pessoas vão sempre falar de pessoas que estão se arriscando e construindo seus sonhos, talvez você não pareça normal para elas, não se encaixe dentro da sua visão de mundo*. Isso não tem a nada a ver com você, é somente a opinião do outro, baseado sobre experiências e expectativas dele.

Após tentar me encaixar em outros lugares, resolvi voltar para minha área e me candidatei para uma vaga de coordenadora pedagógica, agora sim, na minha cabeça tudo iria ficar bem. Mas isso não aconteceu, ainda me sentia insatisfeita perante a situação. Foi quando eu falei: Chega! Não quero mais viver assim! Foi quando resolvi agir e parar de só ficar inconformada, de nada adianta você estar inconformada e ficar parada diante da situação como se estivesse presa.

No final do ano de 2013 foi o meu basta.

Foi quando tive a brilhante ideia de cuidar de crianças em casa. Sim, pedi as contas do meu serviço porque abriria a minha "escolinha" em casa. Mas, que casa, se morava com os meus pais?

Naquele mesmo dia, cheguei em casa e falei com o meu pai: "Pai, tenho uma ideia brilhante, vou cuidar de crianças em casa e preciso muito da sua ajuda. Estava pensando que você tem algumas casas de aluguel e que poderia me emprestar uma." Eu estava certa de que meu pai me emprestaria uma das casas. Logo perguntei para ele: "O que você acha pai? E uma brilhante ideia, não é?" Para minha surpresa, meu pai me disse NÃO. Exatamente, ele me disse: "Filha, se você quiser uma casa, precisa pagar por ela". Você não imagina a minha raiva e a tristeza que eu fiquei. Naquele momento, eu pensei: "Mas ele é meu pai, precisa me ajudar, ele deveria ser o primeiro a me apoiar e acreditar nos meus sonhos". Aprenda, os sonhos são seus e as pessoas não têm obrigação nenhuma de fazer absolutamente nada por você.

Hoje vejo muitas pessoas se vitimizando e contando uma linda história para elas mesmas do porquê não seguem em frente com os seus sonhos, vivem se justificando que é porque fulano não apoiou, ciclano não ajudou. Mas eu afirmo para você, a única pessoa responsável por você conquistar ou não conquistar qualquer que seja o seu desejo, objetivo ou sonho, é você mesma. Escolha viver o seu sonho, independente de qualquer coisa.

E foi isso que eu fiz, eu escolhi seguir e tomei uma decisão: eu decidi lutar pelo meu sonho. Foi quando meu pai falou da casa que estava reformando em um bairro próximo. Fui conhecer a casa e ao entrar, já imaginei como seria a escola, em cada detalhe. Fechei o negócio na hora, com apenas 5 mil reais no banco e a vontade de fazer aquilo ser a melhor escola da cidade. E assim foi, inicie com 5 mil reais e a minha primeira matrícula fechei na casa da pessoa. Os pais vinham visitar a escola ainda em reforma e eu dizia: "Aqui vai ser isso, aqui vai ser assim, aqui vai ser tal sala". No seu primeiro ano a escola fechou com 100 matrículas.

Nascia ali um o império chamado Estação da ALEGRIA. Trabalhei incansavelmente para transformá-la na potência que é hoje e faturar mais de 1 milhão de reais por ano. Como todo começo, não foi fácil, precisei entender e conquistar muitas habilidades que eu não tinha. Não era uma pessoa boa com a gestão do meu tempo e nem a com gestão financeira do negócio, mas era boa em uma coisa, em NÃO DESISTIR, iria fazer até dar certo.

Comecei a traçar minhas metas pessoais e profissionais. Queria deixar minha marca no mundo, entendi que teria desafios diários e que precisava ter muita inteligência emocional, porque teria dias tristes e dias felizes, teria dias que o desânimo iria me encontrar, mas caberia a mim escolher em qual estado emocional eu iria permanecer. E hoje, quero trazer um número para você: em torno 25% das pessoas ou estão em um estado depressivo ou vão ficar, segundo a Organização Mundial da Saúde. E tudo isso porque deixaram os seus sonhos na mão das outras pessoas, pegaram carona na sua própria vida.

Todo sonho inicia com uma ideia, com um desejo, porém, é necessário esforço para realizar. Hoje, observo a quantidade de sonhos que são engavetados por falta de coragem, por medo do julgamento e por medo de: "E se der errado?" Mas hoje, te faço uma pergunta: e se der certo? Pare de contar o que pode dar errado e comece a contar o que pode dar certo, porque no final das contas, metade de você será lembrança e a outra metade saudades, saudades daquilo que foi e não volta mais. Não seja a pessoa que é a sua própria plateia, que assiste de camarote a sua própria vida. Por mais clichê que seja essa frase dita por Walt Disney, acredite, "se você pode sonhar, também pode realizar".

"Nem tudo que vejo significa sucesso e necessidade, mas em tudo que eu sinto e sonho existe uma urgência invisível da alma para realizar."

Aline Piittow

ANNA

ANNA VIRGINIA FELIX DE ARAÚJO

Pedagoga, especialista em Gestão Educacional, em Alfabetização, em Psicopedagogia.

Trainer em Programação Neurolinguística e terapeuta – CRTH BR 7239.

Há 30 anos atua na Educação pública e privada;

12 anos como gestora escolar;

Palestrante, consultora educacional, professora de Ensino Superior, doutora Honoris Causa.

@annavirginiaf

Anna Virginia

+55 (75) 99902-7613

3 PRÁTICAS DE GESTÃO EDUCACIONAL

Por Anna Virginia Felix de Araújo

Fazer gestão educacional com boas práticas diárias gera pulsão de vida. Será que desenvolver gestão começa com a gestão da própria vida?

Essa é uma questão que os profissionais que atuam na Gestão Educacional e Escolar devem buscar refletir, pois a ausência dessa reflexão poderá se tornar mais desafiador fazer a gestão. Acreditamos que é essencial fazer a gestão da própria vida, desde a autogestão até a gestão de outras ações necessárias para que uma pessoa se organize no tempo e no espaço.

Nesse sentido, vamos refletir e socializar práticas de gestão educacional, no entanto, é importante destacar qual a relação da gestão, em uma visão ampla na vida, para estabelecer uma articulação com as diversas situações que utilizamos a gestão, pois gerir é uma necessidade humana e para que cada pessoa desenvolva uma gestão na sua vida e no espaço que trabalha, é importante aprender uma série de habilidades necessárias para as práticas cotidianas, desde a autogestão até a gestão no seu espaço de trabalho.

Fazemos gestão nas ações da própria casa, em um setor que atuamos como profissionais, como gestores de uma instituição e ainda tem a gestão das emoções. Quando começamos a pensar a gestão numa perspectiva sistêmica, as nossas práticas se articulam muito mais, gerando assim bons resultados.

Nesse contexto, acreditamos que a gestão está presente na vida das pessoas, desde o acordar para gerenciar as próprias emoções, o tempo até a realização das atividades para concluir o dia, por isso que destaco sempre que *GESTÃO É VIDA*.

Esta compreensão me trouxe um olhar diferenciado para a gestão, com isso, busco constantemente desenvolver práticas diárias partindo sempre da minha autogestão até a gestão educacional como profissional da Educação. Desenvolver habilidades cotidianas no fazer da gestão me inspira todos os dias a ser uma gestora melhor e ainda me impulsiona a escrever, inclusive poesia:

GESTÃO É VIDA

Uma vida é gerada

Uma vida é gestada

Ao nascer esta vida é gerenciada

Quando gerida A gestão vai dando forma a esta vida

Que aprende a se autogerir

E toda sua vida vai dando sentido

A gestão que se deixar permitir

Esta permissão vai gerando

Vida na vida Maravilha é entender e viver

Que toda vida precisa ser gerida E por isso: GESTÃO É VIDA

Ao refletir nessa perspectiva que Gestão é Vida e entender a gestão de forma sistêmica, estratégica para organizar; monitorar; coordenar dando orientação, conectar-se coerentemente para gerir PESSOAS e TAREFAS faz com as práticas de gestão sejam eficazes (Libâneo, 2001).

Desenvolver boas práticas de gestão educacional é olhar para as pessoas, a começar para a própria pessoa, ou seja, para si próprio que vai gerir uma instituição de Educação. O gestor precisa se perguntar: faço autogestão? Sei me relacionar dialogando com as pessoas? Me acolho e me ouço? Faço esse acolhimento com a minha equipe? Esses questionamentos ajudam o gestor pensar como ele pode se tornar um grande líder e seguir gerindo pessoas para execução das tarefas necessárias para qualquer instituição educacional.

O profissional que atua na Educação tem a oportunidade de se tornar líder a partir do exercício da gestão, pois ninguém nasce líder, as pessoas se tornam líderes quando buscam desenvolver habilidades de liderança nas suas práticas de gestão (Hunter, 2009).

Nesta perspectiva, fazer uma gestão desenvolvendo boas práticas consiste em ter uma organização para que a gestão educacional funcione como engrenagens que precisam estar bem alinhadas para rodar num ritmo que a máquina, ou seja, a instituição, produza mediante o comando que lhe foi dado.

Para organizar a gestão na educação, é importante que três aspectos sejam integrados a uma proposta para se gerir com clareza e execução das práticas cotidianas dentro da instituição que promove o ensino e aprendizagem.

Temos um tripé da organização, são eles:

- **Exercício da Liderança** - A habilidade de influenciar pessoas, identificar problemas, estabelecer e priorizar metas e coordenar ações institucionais;
- **Conhecimento técnico** - O saber sobre o processo no qual se trabalha – no caso da escola ou qualquer instituição de Educação, o fazer pedagógico;
- **Metodologia de gerenciamento**- A forma de administrar uma instituição, permitindo a participação de todos, o aprendizado contínuo da equipe e a divisão de papéis. (Luck,2007).

Na minha experiência como gestora, estudei cada aspecto desse tripé e a partir de então minhas práticas de gestão puderam acontecer com qualidade, pois criei uma metodologia de gestão que executo até hoje, chamo de **AVidas**.

A **AVidas** foi construída com base na minha experiência de gestão em espaços de Educação com liderança de equipe, como professora da Educação Básica e de Ensino Superior, formação de professores, como coordenadora pedagógica e, principalmente, como gestora escolar. Assim, descobri que todo gestor para realizar uma gestão de sucesso se faz necessário elaborar uma metodologia (Luck, 2007).

Nossa metodologia tomou uma potência maior nos últimos sete anos quando a sistematizei em dimensões e após os estudos sobre convivência a partir do objeto de conhecimento da Educação Moral e Ética, Togneta e Vinha (2019), Vivaldi (2015) e os estudos da Programação Neurolinguística, Blander (2004).

A metodologia **AVidas** tem como a finalidade conviver com vidas no exercício da gestão levando estas vidas a uma aprendizagem diária que gere autoconhecimento, autocuidado, cuidado, acolhimento cooperação, linguagem das emoções com autorregulação e resultados satisfatórios, fruto de uma proposta coletiva para um bem comum, e acreditamos que isto começa com a vida do gestor que impulsiona pessoas para o sucesso de uma instituição educacional. Casagrande (2014)

Assim, consideramos que para além de toda uma organização da gestão com processos de trabalho, uma metodologia para gerir é importante porque promove o saber conviver, gerando vida nas ações do espaço educacional partindo da vida do gestor, que deve ser um referencial para esta comunidade composta de pessoas. Com esta metodologia acontece a busca diariamente em conhecer as vidas que o gestor lidera e que atuam na instituição educacional, que é a equipe: os funcionários.

Para tanto, a homologia dos processos acontece na prática, pois os parceiros internos estão sendo cuidados, assim quando eu cuido dos meus funcionários, eles cuidam dos meus clientes e de todas as vidas envolvidas, fazendo uma gestão na vida e para vida.

Logo, esta metodologia é organizada com um passo a passo que possibilita a construção cotidiana de processo operacionais, administrativos e pedagógicos com a execução das ações organizadas em basicamente quatro níveis de planejamentos desde o Projeto Político Pedagógico, Regimento, Currículo ao plano de aula e a agenda diária (Vasconcelos, 2004).

Todo o desenvolvimento dessa metodologia acontece a partir de cinco dimensões da **Avidas**, a saber:

A Gestão Cooperativa traz fortemente a reciprocidade, a solidariedade, o fazer junto com construção de uma autoridade na igualdade de direitos, todos são autoridade nas suas ações e isto gera uma liderança de todos, trazendo como base o princípio da autonomia.

A Gestão Convivida traz o poder da convivência, da escutativa, ouvir todos de forma ativa, fazer intervenções e tomar decisões a partir da escuta, do diálogo, das relações, das emoções e dos sentimentos das pessoas, entendendo que a escola ou qualquer espaço de educação é lugar de falar de sentimentos.

A Gestão na Programação Neurolinguística traz a Programação Neurolinguística como base desta dimensão a partir da aplicação de técnicas e ferramentas para conhecer as habilidades das pessoas, como essas se comunicam, qual seu canal predominante dentro do seu sistema representacional: visão, audição e cinestesia (olfato, paladar e tato).

A Gestão Aprendida traz como foco o aprender a aprender, as pessoas têm suas habilidades, partindo dos seus conhecimentos prévios para colocar cada pessoa no lugar certo e, em seguida, apresentar desafios para avançar nas suas reais e novas aprendizagens.

A Gestão Resultativa traz como foco os resultados, a gestão é feita por fatos e dados com foco na aprendizagem.

Passos gerais da AVidas (dentro desses passos são gerados vários passos específicos sempre dentro das 5 dimensões):

- Apresentar a metodologia para a comunidade;
- Fazer acordos com a comunidade, ora fazer por grupos;
- Apresentar proposta de formação em serviço com temáticas de estudos e das ações cotidianas para execução;
- Construir com a comunidade a Proposta da Instituição com os planejamentos: Projeto Político Pedagógico com destaque no Plano de Convivência, Regimento e Currículo;
- Construir e executar os processos operacionais e pedagógicos;
- Expor sobre a aplicação de técnicas de ferramentas dentro da Programação Neurolinguística;
- Aplicar as técnicas e ferramentas diariamente;
- Realizar atendimentos individuais a: professor, funcionário; pais e ou responsáveis, estudantes e parceiros;
- Reconhecer os funcionários com valorização em ações diversas;
- Elaborar e executar plano de ação e seus cronogramas;
- Construir e elaborar projetos, campanhas que envolvam toda comunidade.

Viver uma experiência de gestão educacional e escolar com o desenvolvimento de práticas diárias organizadas a partir de uma metodologia de gestão é libertador.

Portanto, esperamos que nossas reflexões sobre gestão a partir da ação de gerir a vida e estabelecer essa ideia com as práticas de gestão educacional possam contribuir com suas leituras, estudos e ações.

Com isso, esperamos também que nossa metodologia de gestão AVidas sirva de inspiração para você que já atua como gestor ou pretende viver este lindo desafio de fazer gestão. Sempre destaco que ser gestor é um desafio difícil, mas totalmente possível de fazer como o movimento aprendente e intenso da vida. Ao entendermos isso, fica mais significativo e com mais sentido, porque GESTÃO É VIDA.

"Quando eu cuido dos meus funcionários, eles cuidam dos meus clientes."

Anna Virginia Felix de Araújo

BRUNA CASSARO

Sou Bruna Cassaro, professora há 21 anos, consultora educacional, especialista da Nova Educação na Prática, mentora de professores e apaixonada pela Educação.

Sou graduada em Letras e Pedagogia e pós-graduada em Gestão do Trabalho Pedagógico: Habilitação em Inspeção Escolar, Administração, Orientação e Supervisão Pedagógica, Psicopedagogia, Neurociência e Educação, Educação Financeira com Neurociências para Docentes, A Moderna Educação: Metodologias, Tendência e Foco no Aluno e Educação Inclusiva.

Sendo professora, passei pelos desafios que nós, educadores, enfrentamos e descobri na Nova Educação na Prática como resgatar meu brilho no olhar pela educação e resolver estes desafios.

@brunacassarooficial

+55 (32) 98876-2141

@construindoumanovaeducacao

4 SOB O OLHAR DA NOVA EDUCAÇÃO

Por Bruna Cassaro

Você já deve ter ouvido esta frase de Paulo Freire: "A educação não transforma o mundo. Educação muda as pessoas. Pessoas transformam o mundo." E é com essa frase que eu quero começar o meu capítulo, pois, é nessa educação que eu acredito, na educação que transforma vidas e o mediador desta transformação é você, professor.

Sou professora há 21 anos e apaixonada pela educação, quando pisei na sala de aula no meu primeiro dia como professora, meus olhos brilhavam, tinha a possibilidade de fazer parte da transformação de várias vidas e isso me encantava.

Os professores que estavam a mais tempo na educação não entendiam toda aquela empolgação, até que um deles virou para mim e disse: "Quero ver quanto tempo esse seu brilho no olhar vai durar." No primeiro momento, pensei: "nunca vou perder este brilho, porque amo a educação", mas com o passar dos anos não foi isso que aconteceu.

A cada ano que se passava, a cada novo desafio que surgia e que eu não sabia como resolver, a cada professor que encontrava e reclamava dos mesmos problemas que eu passava, meu brilho no olhar ia diminuindo e se apagando.

Passei por muitos desafios como: desinteresse dos alunos nas aulas, agressividade com os colegas e às vezes até comigo, indisciplina, dificuldade no aprendizado, faltas, falta de apoio das famílias, não era valorizada profissionalmente e ainda não tinha o apoio da gestão para enfrentar esses desafios. A cada dia que passava, eu me sentia mais sozinha e comecei a pensar, como muitos colegas professores, que a educação estava ficando pior e que chegaria o dia em que iria acabar.

Tudo isso acabou gerando angústia, exaustão, sofrimento e cheguei a ficar doente várias vezes. Tive depressão, síndrome do pânico e chegou um momento em que pensei em desistir da educação, porque aquela situação estava me trazendo mais sofrimento do que alegria.

Naquela ocasião da minha vida, me tornei mãe e passei por momentos difíceis na minha gravidez e no nascimento da minha filha. Quando ela nasceu, quase a perdi e quando ela já se encontrava bem, descobri que eu estava com problemas sérios de saúde e precisei me submeter a uma cirurgia. Após passar por todos esses desafios na minha vida pessoal e profissional, decidi que precisava me cuidar mais, pois, agora tinha minha filha que dependia de mim e não queria viver tudo o que eu já tinha vivido naqueles últimos anos dentro da educação. Devido a esses fatores, resolvi ir em busca de outra profissão, porque não queria adoecer novamente. Esta busca durou meses e eu não encontrava nada que fizesse meus olhos brilharem como ser professora.

Foi quando resolvi tentar entender o que estava acontecendo com a educação, pois algo tão importante e essencial para as nossas vidas não poderia acabar, comecei a busca em tentar descobrir se tinha alguma solução para tudo aquilo que estávamos vivendo.

E foi naquele momento que me deparei com a Nova Educação e as coisas começaram a fazer sentido. A cada curso, formação, especialização que fazia e a cada livro que lia, a educação voltava a fazer sentido para mim e o brilho no meu olhar ia se acendendo novamente. As coisas começaram a mudar e descobri que não era a educação que ia acabar, o que estava por fim era a educação tradicional, instrucionista, para dar lugar à Nova Educação, interacionista. O mundo está mudando e a educação precisa mudar para acompanhar esta evolução.

Confesso que no primeiro momento em que fui em busca desta solução, queria aprender algo para ensinar aos meus alunos, para que eles pudessem mudar e com a Nova Educação descobri que o que eu estava acontecendo era um reflexo do que eu estava entregando, que primeiro eu precisaria mudar para que o que estava colhendo também mudasse.

Quando realmente entendi o que estava acontecendo, fui super empolgada para contar aos meus colegas professores e só ouvia uma coisa: "Bruna, não é possível que você com 15 anos na educação ainda vai cair nesse papinho. Na teoria é uma maravilha, mas, na prática, não funciona". E ali recebi um "banho de água fria" e por alguns minutos cheguei a pensar: "será que é verdade o que eles estão falando?". Mas como já havia reacendido o brilho no meu olhar e já tinha vivido a Nova Educação na prática, nas minhas formações e vi toda a transformação que ela me proporcionou, resolvi colocá-la em prática na minha sala de aula.

Não demorou muitos dias para que eu começasse a colher os resultados e meus colegas começaram a me procurar para saber o que estava acontecendo. Cheguei a ouvir de uma professora: "Fala a verdade, Bruna, qual foi o pozinho mágico que você colocou na sua água e no bebedouro dos alunos, para você conseguir estes resultados incríveis?". Estes são alguns dos resultados: estava mais calma, tranquila, feliz, empolgada, me sentido realizada e com brilho no olhar; meus alunos estavam mais participativos, interessados, eu não precisava mais gritar, colocar de castigo, tirar de sala e mandar para diretoria; conseguia fazer atividades fora de sala, o aprendizado melhorava a cada dia, a agressividade diminuiu, o relacionamento entre os alunos e eu estava cada dia melhor, conseguimos juntos resolver estas questões e, com isso, os problemas também iam diminuindo. E os professores que trabalhavam comigo começaram a querer aprender mais sobre a Nova Educação.

Não foi fácil fazer esta mudança da educação tradicional para a Nova Educação, ela aconteceu aos poucos, devagar, dia após dia. Assim, depois de um tempo, consegui planejar todas as minhas aulas dentro da Nova Educação e quanto mais praticava, mais resultados colhia. Essa mudança não é fácil, o professor precisa de apoio e de ajuda, mas ela é possível e transformadora.

A Nova Educação na Prática prepara o aluno para o mundo que vivemos hoje, é uma educação humanizada, uma educação pelo amor, pela construção do aprendizado através da convivência e das vivências, ajuda a desenvolver habilidades e competências importantes para vivermos e convivermos no século XXI.

A Nova Educação tem como pilares: o desenvolvimento de habilidades e competências socioemocionais, o aluno protagonista do seu aprendizado, a neurociência e educação, o ensino híbrido e a tecnologia na educação, a educação inclusiva, especial e antirracista, educação financeira na escola, empreendedorismo e empreendedorismo social na escola, a gestão democrática e a integração família e escola.

A Nova Educação é interacionista e tem como seus principais teóricos Jean Piaget e Lev Vygotsky. Eles defendem que fatores orgânicos e ambientais exercem influência no processo de desenvolvimento dos seres humanos, inclusive em sua formação educacional, e é a partir das relações com o meio no qual convivem e da interação que constroem com outras pessoas, que eles se desenvolvem e constroem os seus conhecimentos.

Outros pensadores e autores importantes que contribuíram e contribuem muito com a Nova Educação são: Paulo Freire, John Dewey, Maria Montessori, Celestin Freinet, José Pacheco, Celso Vasconcellos, José Manoel Moran e muitos outros.

Naquele momento, encontrei minha verdadeira missão e propósito dentro da educação, não era mais apenas transformar a vida dos meus alunos, mas agora transformar a vida dos professores, porque dessa forma conseguiria transformar muitas vidas, através dos professores transformados pela Nova Educação e com a ajuda deles a transformação do mundo seria ainda maior.

Por este motivo, criei o **Programa Construindo uma Nova Educação na Prática**, levando transformação, estratégias, recursos, ferramentas, autoconhecimento e desenvolvimento para os professores, com vivências, muita prática e uma linguagem de fácil entendimento e para que pudessem colocar em prática na sua sala de aula todos os dias e aos poucos viverem a mesma transformação que vivi na minha vida e na vida dos meus alunos.

O professor é o recurso mais importante que a escola possui e é somente por meio dos professores que poderemos mudar a realidade da educação do nosso país, pois, são eles que estão na linha de frente, no dia a dia com os nossos alunos, que os inspiram, que os acolhem e que transformam suas vidas. O professor é a segunda referência da criança, depois dos pais. Neste momento, os professores estão pedindo socorro, eles só vivenciaram a educação tradicional, não conhecem e não sabem como colocar a nova educação em prática na sua vida e na sua sala de aula. É por isso que hoje a minha missão é acolher o professor, cuidar do professor, pegar na sua mão e ir com ele construindo esse novo modelo de educação, para transformar a sua vida e a sua realidade, resgatar o seu brilho no olhar pela educação, para que assim possa transformar a vida de seus alunos e de suas famílias através da Nova Educação.

A Nova Educação pode transformar vidas, pessoas, famílias, cidades e o nosso país, transformá-lo num lugar melhor para se viver e conviver, com amor, respeito às diferenças e ética, onde viveremos para o bem comum a todos. Neste modelo de ensino, o aluno é protagonista do seu aprendizado, participa da construção do seu conhecimento de forma ativa e o professor tem o importante e fundamental papel de mediar, conduzir este processo, para que os alunos tenham interesse e participem dessa construção, se desenvolvendo cada vez mais e por isso este modelo de ensino guia a educação no mundo em que vivemos hoje.

Deixo aqui meu convite para você, professor, venha fazer parte dessa minha missão, caminhar junto comigo nesta jornada e para poder conhecer melhor a Nova Educação, seus pilares e todos os benefícios que ela pode ter na sua vida e na vida de seus alunos, me siga no Instagram @brunacassarooficial, no meu canal do YouTube @ construindoumanovaeducação.

Para saber mais sobre a Nova Educação na Prática, aponte o seu celular para o QR Code abaixo, assista uma aula e fique por dentro de tudo sobre a nova educação.

> O professor é o recurso mais importante que a escola possui e é somente por meio dele que poderemos mudar a realidade da educação do nosso país.
>
> **Bruna Cassaro**

CHRISTIANE PROSPERI

Muito prazer, eu sou Christiane Prosperi, mãe, pedagoga, coach, fundadora e gestora da Escola Prosperi, palestrante, estudante de Constelação Familiar e Neurociência Educacional.

Já são mais de 20 anos trabalhando em escolas com o propósito de termos um mundo melhor através da educação e do desenvolvimento integral das nossas crianças e jovens preciosos!

Eu testei, validei e criei muitas estratégias em sala de aula e o que me gerou mais prosperidade foi ser consistente nos meus planejamentos, na minha rotina e especialmente na minha dedicação em me transformar a cada dia como profissional da educação. Espero colaborar com o seu crescimento pessoal e profissional.

@christianeprosperi

Cristiane Prosperi

christianeprosperi

+55 (12) 98155-9525

5 COMO ATINGIR SEU PRÓXIMO NÍVEL

Por Christiane Prosperi

Eu estava chegando na escola, me apresentei para a diretora toda feliz e sorridente, quando ela me direcionou para os meus primeiros alunos; oficialmente, eu teria a minha primeira sala de aula, com a responsabilidade que tanto havia sonhado em ter, como professora.

Naquela semana, eu tive noites muito agitadas, sonhava e ouvia as vozes dos meus alunos enquanto rolava na cama, e aquele friozinho na barriga que representava as alegrias e as esperanças de uma professora, passou a ser um misto de emoções as quais eu buscava nas teorias aprendidas, muitas respostas.

Os alunos estavam agitados, já haviam tido mais de três professoras em apenas dois meses, conforme a diretora me relatou e todas as que passaram por aquela turma haviam desistido, solicitando transferência de escola, por não conseguirem ministrar suas aulas com sucesso, devido às grandes demandas de defasagem de aprendizagem e questões emocionais dos alunos, muitos deles carentes por suas realidades familiares e contextos sociais.

Eu havia planejado muitas atividades, utilizando métodos e estratégias construtivistas, conforme aprendi no Magistério e na faculdade, porém, nos momentos de aplicar as propostas pedagógicas, senti muita dificuldade de obter a atenção e concentração dos alunos, eles não me respeitavam, não seguiam regras, não tinham limites, não sabiam ouvir ou esperar que seus colegas falassem, um de cada vez. A agitação de todos me deixou agitada também e cada vez que eu tentava me impor como autoridade diante da turma, maiores eram as minhas decepções.

Eu pensei em desistir, mas me lembrei que seria mais uma na vida daquelas crianças de apenas 6 anos de idade, o que não condizia com meus propósitos enquanto professora. Eu queria fazer a diferença na educação e aquela realidade me impulsionou a pedir ajuda.

Foi aí que busquei me aproximar das professoras mais antigas da escola, que tinham mais experiência e que aparentavam estarem seguras em suas práticas pedagógicas.

A Márcia foi a primeira professora que me acolheu, me mostrou tudo o que ela utilizava de estratégias com seus alunos, compartilhou comigo atividades que desenvolvia e me mostrou, na prática, como era a rotina dela dentro e fora de sala de aula. Fiquei encantada com os alunos dela, com a forma como ela cuidava de cada um deles e tudo o que conhecia sobre suas histórias. Isso me despertou.

A partir desse momento, comecei a contemplar meus alunos, observar os comportamentos e as necessidades que cada um apresentava, procurando conhecer sobre suas vidas, habilidades e interesses pessoais.

A primeira coisa que eu fiz foi criar a nossa rotina, definindo uma sequência de momentos que teríamos juntos, todos os dias. Roda de conversa, momento de leitura, roda de música, tempo para atividade pedagógica, horário para o parque e brincadeiras, higiene e saúde, revisão de tarefas, entre outras atividades, estavam devidamente organizadas no meu semanário, distribuídas nos dias da semana com temas e propostas diferentes pra cada momento.

Passamos a definir um ajudante do dia, distribuímos responsabilidades em sala de aula e convidei todos para me ajudar mais na organização dos lápis, cadernos e materiais que usávamos em nossos estudos, providenciando um espelho para a nossa sala de aula, para que diariamente, os alunos pudessem se ver e se perceber como seres humanos em desenvolvimento.

Como se tratava de uma sala de aula onde muitos estavam carentes de apoio, atenção e cuidado, promovi aulas sobre emoções, sonhos, autoconhecimento e cuidado pessoal. Fizemos até um dia de beleza em sala de aula e eu percebia, a cada dia, que os alunos se conectavam mais comigo, passando a confiar em meu trabalho e especialmente a me respeitarem como sua professora. Eu havia compreendido que o brincar, explorar, dialogar, pesquisar e compartilhar, eram os verbos que precisavam ser conjugados antes do registrar. Os livros e as atividades em folha, quando propostos após as atividades lúdicas, tinham mais significado para os alunos, que se mostravam cada dia mais focados e interessados pelas tarefas, especialmente porque já haviam explorado bastante aqueles conteúdos, na prática.

Diante desse pequeno relato sobre o início da minha jornada, eu quero te convidar a refletir sobre três palavras-chaves que podem te ajudar a conquistar o seu próximo nível, em qualquer situação da sua vida pessoal e especialmente da sua vida profissional:

1. Conscientização: o quanto você se considera consciente de suas escolhas? Por quais motivos você faz o que faz? O que te motiva na educação e faz os seus olhinhos brilharem? Quem são as pessoas que te motivaram na sua jornada até aqui? Quais são suas referências? Quem te inspira, te acolhe e te ensina? Quais são os desafios que você já superou e o que te fez ser forte nos momentos em que se sentiu sozinha? De onde você veio e pra onde você vai?

Essas são algumas das perguntas que podem te ajudar a refletir e se conscientizar sobre o seu presente, valorizando, acolhendo e respeitando tudo o que veio antes e que te deu força pra chegar até onde está. Gosto sempre de lembrar que a vida acontece no aqui e agora e a conscientização deve ser um ato de amor-próprio em nossas vidas. Precisamos aprender a desenvolver o autoconhecimento, acolher nossas dores, desafios e dificuldades, lembrando que tudo o que vivemos é fruto das nossas escolhas enquanto adultos. Eu havia escolhido o Magistério e a Pedagogia e estava apenas abrindo a primeira porta de uma sala de aula que era "minha", desistir não era uma opção, afinal, eu sonhei tanto com aquele momento e o caminho, mesmo que inseguro, era meu, eu tinha tudo em minhas mãos e agora era a hora de colocar em prática o que aprendi na teoria.

Aproveite este momento para refletir quais são as oportunidades que você já tem em suas mãos, as quais você vai a partir de agora olhar com a mente, mas também com o coração, traçando estratégias de qualidade para que a cada dia evolua e promova o seu próximo nível.

2. Entendimento: dentro das suas possibilidades, como você pode melhorar? O que você está fazendo hoje para a sua vida pessoal e profissional que pode ser um pouquinho diferente? Como você avalia e entende o mundo ao seu redor? Qual é o seu papel diante dos seus desafios? Quais são as suas habilidades? Que tipo de valores e princípios você vai precisar exercitar pra conseguir sair da sua zona de conforto em direção ao seu próximo nível?

Hoje, depois de mais de 20 anos na educação, em uma jornada de professora a fundadora e gestora de escola, realizando muitas entrevistas, contratações, palestras, orientações, treinamentos e mentorias, percebo o quanto temos professores maravilhosos que querem fazer a diferença em sua sala de aula e mudar o mundo através da educação, com amor, comprometimento e protagonismo; mas infelizmente, vejo alguns estagnados, se vitimizando diante dos seus desafios e as inúmeras demandas que a escola nos confia para resolver. Nós precisamos entender que se engessar aos problemas não é o caminho de um educador que tem sede de transformação e prosperidade.

Eu poderia ter feito como as professoras que haviam passado por aquela turma, seguido o caminho mais fácil, que era pedir transferência, mas optei por assumir os desafios e me reinventar, me desenvolver e me transformar para oferecer o melhor aos meus alunos, entendendo muito mais sobre o que eles precisavam do que somente me preocupar com aquilo que eu queria ensiná-los.

Entender que no lugar de desistir você pode mudar, ressignificar, transformar é muito poderoso. Lá na frente, você vai agradecer por ter se respeitado, acolhido as suas imperfeições e aperfeiçoado as suas práticas profissionais para além da lousa.

3. Direção: os mapas não te levarão a lugar nenhum se você não souber aonde quer chegar, assim como toda referência e teoria não podem lhe gerar resultados sem que você desenvolva estratégias práticas alinhadas a elas.

A direção é uma das palavras-chaves para que você conquiste o seu próximo nível, ela representa o seu processo rumo ao protagonismo que deseja alcançar além da lousa.

Eu escolhi me inspirar e criar as minhas próprias estratégias com meus alunos, sem querer ser igual a ninguém, me conscientizando de onde eu vinha e quais eram as minhas atuais possibilidades em sala de aula, entendendo o contexto e tudo o que ele me proporcionava de benefícios e também de desafios, os quais eu abracei com fé, amor, conhecimento, planejamento e determinação, para que pudesse atingir resultados prósperos, os quais eu sonhei para a minha carreira de professora.

Te convido a refletir todos os dias sobre a direção que está seguindo e observar se as suas ações estão realmente alinhadas com os seus propósitos, rumo ao seu próximo nível.

Faça a cada três meses um alinhamento de metas, pegue papel e caneta e escreva, desenhe, recorte e cole imagens que representem a sua melhor versão e aonde você quer chegar.

Já são quase 9 anos empreendendo na escola que eu sonhei, idealizei e dei vida, posso te dizer que chegar até aqui não foi fácil, mas foi possível porque eu sempre me dediquei diariamente a ser uma nova versão como pessoa e profissional. O futuro é agora, se desenvolva para prosperar!

A jornada de professora a gestora escolar fluiu, com paciência, foco, determinação, muitos estudos, cursos, pesquisas, desenvolvimento de projetos, parcerias e aperfeiçoamento constante das minhas práticas pedagógicas, que sempre envolviam o apoio das famílias, as quais eu considero serem essenciais no desenvolvimento das crianças e jovens, os bens mais preciosos do mundo.

Cuide de você, das suas histórias, das suas escolhas e decisões, entenda que você é um ser humano em constante desenvolvimento e todo trajeto que for fazer dependerá da direção a qual você decide diariamente liderar. Você é o seu próximo nível!

> O futuro é agora, se desenvolva para prosperar.
>
> **Christiane Prosperi**

CLAUDIO RECCO

Professor desde 1982, ainda no segundo ano do curso de História, na USP.

Lecionei em escolas públicas e privadas, parte delas com sistemas de ensino onde fui coautor de material didático, elaborei simulados e fiz comentários na imprensa sobre tendências dos vestibulares.

Durante esse período escrevi 5 livros.

Fui colaborador da Folha de São Paulo no caderno FOVEST (Folha do Vestibular) e da revista Desvendando a História.

Tenho três formações de *coaching* e criei meu próprio método de *coaching* de pré-vestibular, que ensino a outros professores.

Tenho duas formações em Disciplina Positiva e utilizo essa filosofia para balizar meus relacionamentos com colegas e principalmente adolescentes.

@claudiorecco

Claudio Recco

+55 (11) 99886-2498

6 PENSE FORA DA LOUSA

Por Claudio Recco

Sair da teoria e ir para a prática é determinante em diversas profissões e com professores e professoras não é diferente. Mas esse é o único divisor de águas na carreira de professor?

Não deveria ser. Muitos se apegam a essa ideia e acabam menosprezando os teóricos, o aprendizado da universidade e, ao mesmo tempo, supervalorizam a prática, o contato direto com estudantes, com outros profissionais e com os dirigentes.

A prática é um excelente aprendizado, não nego, o problema é que essa prática de sala de aula é tradicional e repetitiva, burocratizada, com pouca ou nenhuma liberdade e, como na maioria das escolas, focada no conteúdo das disciplinas. Muitos professores têm um grande orgulho de seu conhecimento sobre o conteúdo e de seu valoroso papel de ensiná-la, que se julgam especiais, com superpoderes.

O desenvolvimento das práticas, com maior controle sobre salas de aula e com maior segurança sobre o conteúdo, reforça a tendência de que esse é o grande divisor de águas e comigo foi igual.

Em 40 anos como professor tive, na maior parte do tempo, essa sensação de aperfeiçoamento, com maior domínio de conteúdos, maior controle sobre as salas; quer dizer, de minha competência para ensinar o conteúdo e de manter as turmas em ordem, prontas para aprender.

Na maior parte desse tempo, a lousa e o giz foram as principais ferramentas, mas nos últimos 10 anos passei a me questionar e a rever conceitos e práticas, buscando entender quais rupturas eu deveria promover, até encontrar um novo "divisor de águas", longe do senso comum.

Meu ponto de virada foi tomar consciência que nem eu, nem o conteúdo, éramos os elementos mais importantes da aula e sim, os estudantes. Enquanto a transmissão do conteúdo foi o foco, a lousa foi a ferramenta mais importante. Mas eu poderia dizer que, ao mesmo tempo, superei com certa rapidez o elemento ilusório que ainda nos seduz e nos engana, a tecnologia, que não é ruim, pelo contrário, a utilização de recursos tecnológicos é muito importante, mas sempre questionei como e para que ela é utilizada nas escolas.

A primeira resposta é: a ilusão. Na verdade, o que predomina hoje são novas formas – "mais modernas" – de fazer a mesma que coisa que se faz há décadas, que é ensinar o conteúdo.

Aulas mais dinâmicas, aulas interativas, aulas que, aparentemente se adequam à realidade da nova geração, aulas ilusórias que mantêm a velha mentalidade de foco no conteúdo, foco no professor e manutenção das mesmas relações em sala de aula, com o professor dotado de saber e capacitado para sua transmissão, e de estudantes como depositórios do conteúdo.

Toda essa condição é reforçada pelo avanço dos "sistemas apostilados", com sua padronização em módulos e aulas com conteúdos bem definidos e que forçam e reforçam a postura tradicional do professor, pois esses sistemas têm como objetivo final a preparação para vestibulares e ENEM.

Então, mais uma vez é reforçado o foco no conteúdo, em tese exigido por estudantes e suas famílias que pagam pelas apostilas, querem elas preenchidas e cobram das escolas a preparação de seus filhos e filhas para passar no vestibular tornando-se uma boa justificativa para que os professores mantenham um comportamento tradicional. Nada contra alguém se preparar para enfrentar o vestibular, infelizmente essa é uma realidade, mas esse não deveria ser o foco do processo educacional.

A minha virada de chave, o novo divisor de águas, foi perceber que o foco está no estudante e que o conteúdo é secundário. Não é desprezível, mas secundário e para criar e consolidar essa percepção, resgatei 3 experiencias passadas de minha vida e três experiências recentes para me manter firme em meu processo de transição.

A primeira experiência passada ocorreu quando eu tinha entre 11 e 14 anos de idade e minha professora de Estudos Sociais, formada em História, trabalhava com pequenos textos mimeografados, que eram lidos em sala pelos alunos, que grifavam palavras desconhecidas ou que julgavam ter importância, depois vinha uma explicação de contexto e conteúdo feitas por ela e depois havia duas possibilidades: um questionário de fixação ou debates em grupo sobre o tema da aula. O conteúdo era trabalhado, não havia livro didático, a lousa era utilizada em parte das aulas e a participação dos alunos nesse processo era muito intensa.

Minha segunda experiência foi no segundo ano do Ensino Médio, em 1978, quando, ao estudarmos a idade moderna, o professor propôs a leitura do famoso livro "O Contrato Social", do filósofo iluminista J.J. Rousseau, a partir de um roteiro com explicações e interpretações feitas pelo professor quando julgava necessário e com discussão em sala de aula. Foi um bimestre inteiro lendo e discutindo o livro, mas... e o restante do conteúdo? Não tenho certeza, mas penso que não foi trabalhado e hoje sei que não foi necessário para nosso aprendizado.

Essa minha sensação foi fortemente influenciada pela minha terceira experiência, já na USP, em 1983, quando a faculdade de História adotou uma mudança muito significativa, que explicarei com um exemplo: ao me matricular na matéria de História Moderna, eu podia escolher entre 4 professores, que ao longo do semestre trabalhariam um determinado tema. O semestre todo com um tema. Quatro professores diferentes e quatro temas diferentes e cada estudante escolhia um.

Me lembro que escolhi estudar a teoria, formação e consolidação do absolutismo inglês e não escolhi os demais, óbvio. E essa estrutura valeu para todo o curso, todas as disciplinas oferecidas e obrigatórias.

Resumindo: na faculdade de História não estudamos toda a História, não estudamos todo o conteúdo dos livros didáticos, aquele que vimos na escola e sobre o qual trabalhamos quando nos tornamos professores, ou seja, eu dou aula de um conteúdo que não tive na faculdade.

É possível? Sim. É normal? Sim.

Aprendemos a pensar, a refletir, a desenvolver o senso crítico, aprendemos as ferramentas, as habilidades necessárias, aprendemos a identificar problemas, fazer análises, comparações e associações.

Percebem a contradição? De um lado a experiência de vida em três atos importantíssimos em minha trajetória formativa e de outro lado a estrutura viciada do sistema educacional que predominou durante muitos anos em minha prática docente.

A busca por um "novo divisor de águas" é que me permitiu essa compreensão e as escolhas de novos caminhos como o *coaching* educacional, a mentoria de pré-vestibular para estudantes e a mentoria para professores, em grande parte apoiadas nas visões e nas orientações da Disciplina Positiva para adolescentes.

Acredito que uma palavra sintetize muito bem essa minha nova etapa: RELACIONAMENTO.

Ao mesmo tempo, tratarei de minhas três experiencias mais recentes, que marcaram e consolidaram – e mantêm em movimento – essa minha mudança.

O coaching. Sua descoberta foi fruto de uma situação muito marcante e que está muito clara em minha memória: em uma sala de aula, quando pedi para que estudantes escrevessem, cada um para si, seus pontos fortes.

Me lembro claramente como fiquei impactado pela reação dos alunos, com sorrisos amarelos e grande dificuldade de reconhecer seus valores. Percebi que eles – e a maioria das pessoas – reconhece primeiro aquilo que julgam ser seus defeitos, que enxergam ou que foram apontados por outras pessoas, incluindo professores.

Foi a partir dessa experiência que saí em busca de alternativas para ajudar meus alunos, além da lousa, quer dizer, além de ensinar a minha disciplina. Foi daí que vieram o *Personal Coaching*, o *Coaching* Vocacional e o *Coaching* Educacional que, junto à minha experiência, deram origem ao *COACHING* DE PRÉ-VESTIBULAR, minha principal atividade hoje, que pratico ao atender estudantes e que ensino a outros professores.

Além do conteúdo das disciplinas, além da lousa ou de outras ferramentas de transmissão do conhecimento, os estudantes precisam de apoio para organizar seus estudos, desenvolver a leitura, a capacidade de interpretação e análise, a concentração, foco e a eficiência, com objetivo e metas claras.

A Disciplina Positiva. Na internet, encontrei algo muito diferente, um curso de *Disciplina Positiva em Sala de Aula* e, se é para sala de aula, me interessei. Entendi o que era a Disciplina Positiva e fui fazer o curso. Participei de 2 cursos de formação, palestras, *workshops*, eventos e do Primeiro Congresso de Disciplina Positiva no Brasil. Em todos os eventos, minha busca esteve voltada para as relações pessoais em sala de aula, particularmente com adolescentes, servindo de base para um novo comportamento e nova forma de relacionamento, apoiada na ideia de "gentileza e firmeza", modificando substancialmente a relação com estudantes, professores e pais.

A Coordenação. Trabalhar como coordenador de Ensino Médio e pré-vestibular foi a experiência profissional mais curta, mas muito enriquecedora, que me permitiu (re)descobrir que aqueles que desejam mudar e se desenvolver são os estudantes e que no grupo de professores existem posturas diferentes: alguns definindo seus caminhos, outros que buscam constantemente a inovação; professores que se preocupam em transmitir o conteúdo (a maioria) e professores extremamente personalistas, que são o centro da aula. Temos ainda os professores com algumas das características anteriores, mas que entendem (ou buscam entender) que o foco está no aluno e se preocupam com o relacionamento.

O grande significado da Educação é a transformação, porém não podemos imaginar que nós, professores, agimos e transformamos os jovens e não perceber o quão necessária é nossa própria transformação; a busca por novos aprendizados e relacionamentos, a busca por novas formas de participação e de colaboração.

Hoje, a atualização constante se faz necessária, mas existe uma decisão prévia a ser tomada: em qual direção?

Se a direção que você busca está focada em relacionamento, conexão, respeito aos alunos, entender novas formas de ajudar, além da lousa e dos conteúdos, podemos trabalhar juntos.

"A educação deve se desenvolver para transformar adolescentes e professores."

Claudio Recco

DELIANE ZEBRAL

Nasci em Queluzito, interior de Minas Gerais, em 1978. Sou pedagoga, psicopedagoga, professora alfabetizadora, tutora do curso de Pedagogia, pós-graduada em Gestão de Políticas Públicas, Gestão Escolar, Liderança, *Coaching* / PNL e sou *practitioner* em PNL.

Trabalho com jovens, crianças e profissionais da Educação. Desenvolvo, dentro da área educacional, técnicas vivenciais de dinâmicas de grupo, por meio da PNL, para desenvolvimento da inteligência emocional.

delianezebral

Deliane Fernandes Zebral

delianefernandes@yahoo.com.br

Coach Deliane Zebral

7 COMO DESENVOLVER A RESILIÊNCIA

Por Deliane Zebral

Ao longo da nossa jornada, passamos por muitos desafios, uma multiplicidade de situações que nos tornam seres humanos únicos, que carregam em si um universo particular, diferenciando uns dos outros pela capacidade de lidar com conflitos, incertezas, tristezas, medos e aflições que permeiam nosso dia a dia. Se buscarmos em nossa memória, lembraremos de pessoas com histórias de superação que nos fazem autoquestionar: "se estivéssemos na mesma situação, daríamos conta?". Pensando nisso, trago a reflexão do quanto é necessário sermos resilientes para conseguirmos superar os desafios da vivência humana e desenvolvermos a habilidade de nos adaptar ao emaranhado de situações adversas que surgem, diariamente, utilizando esses acontecimentos como aprendizados e oportunidades.

Nesse contexto, apresento um pouco da minha história que ilustra o quanto a necessidade de ser resiliente torna-se mais que o desenvolvimento de uma habilidade ou conceito, torna-se essencial para adaptar-se, apesar das adversidades.

Quando criança, mesmo desprovida de recursos didáticos e tecnológicos, já sonhava em ser professora. Morava na zona rural, numa casa simples, onde fazia minha lição de casa à luz de uma lamparina de querosene. Nessa época, já simulava, com muita perfeição, a minha sala de aula, com alunos imaginários, atividades bem formuladas, diários de registros, utilizava as portas do quarto para serem minha lousa e o carvão do fogão à lenha como giz. Cresci acreditando nesse sonho e fazendo de tudo para torná-lo, um dia, realidade. Até que, após me formar no Magistério, muito jovem, fiquei grávida e foi necessário adaptar-me a uma nova realidade de "ser mãe e dona de casa".

Muitas vezes, a falta de resiliência é um fator que leva as pessoas a desistirem antes mesmo de alcançarem seus objetivos. Eu, ao contrário, sempre busquei recursos para superar as adversidades, então, decidi fazer alguns concursos públicos para o cargo de professora. Fui aprovada e, assim, iniciei minha carreira. Mais uma vez a vida me colocou à prova. Fui selecionada para trabalhar muito longe de onde morava e como era zona rural, não havia transporte para o trajeto. A opção encontrada foi um cavalo de estimação do meu irmão que, durante um período, foi meu meio de transporte até que consegui comprar uma moto. Muitos foram os tombos por inexperiência, irregularidade da estrada de terra, chuva, entre tantos outros fatores. Cada vez que caía, me reerguia mais forte, experiente e com uma capacidade incrível de reagir às adversidades.

Apesar de todos os obstáculos e desafios, consegui fazer a graduação em Pedagogia e também ser aprovada em outro concurso público. Decidi mudar para a cidade mais próxima. Nesse período, engravidei pela segunda vez. Estava ansiosa pela chegada do meu segundo filho, porém, por complicações no parto, meu filho não sobreviveu e eu tive que enfrentar a maior e a mais dolorosa de todas as quedas. Permaneci por um longo período sem forças e sem motivação para viver.

Superar adversidades mantendo-me resiliente, principalmente em momentos difíceis, de perdas, de eventos emocionalmente muito deletérios, foi um dos meus maiores desafios. Em busca de entendimento e alívio para superar esse acontecimento, iniciei minha jornada de autoconhecimento, procurando encontrar recursos para recuperação física e emocional. Aprofundei meus estudos sobre autoconhecimento, inteligência emocional, PNL (Programação Neurolinguística) e educação socioemocional.

Atuando como coordenadora pedagógica e professora de crianças e adolescentes, comecei a observar o quanto, no âmbito educacional, crianças e adolescentes, em pleno desenvolvimento psíquico, físico e moral, necessitam de uma educação capaz de proporcionar uma formação favorável na construção de um ser humano resiliente e protagonista da sua própria história. Percebi o quanto conceber a resiliência, no contexto escolar, pode contribuir com o processo de reformulação de padrões de pensamentos e atitudes para preservação do equilíbrio emocional, físico e mental, tornando possível um ambiente educacional propício à aquisição de uma aprendizagem significativa, melhor desenvolvimento de aptidões e empoderamento de grupos menos favorecidos dentro desse contexto.

Nessa perspectiva, apresento uma síntese da compreensão mais apropriada para conceituar o sentido de resiliência ligada a área educacional do autor Boris Cyrulnik (2004), um importante pesquisador desse conceito na França, que afirma que *"resiliência é um processo de superação, um modo de subjetivação que se dá no encontro com o outro, resultado da interação de fatores pessoais, institucionais e\ou do contexto social. É uma tessitura, a partir do vínculo e do processo de significação"*. Sendo assim, fazem-se necessários alguns atributos para o comportamento resiliente na nossa relação do convívio social que são caracterizados como fatores de risco e fatores de proteção ligados à resiliência.

Os fatores de proteção estão ligados por um contexto em que as pessoas se sentem protegidas, acolhidas e capazes de superar desafios com confiança e coragem. Segundo Rutter (1985), fatores de proteção referem-se a influências que modificam, melhoram ou alteram respostas pessoais a determinados riscos de "desadaptação". Já os fatores de risco estão ligados às situações aversivas ou estressantes que fazem as pessoas se sentirem fragilizadas ou vulneráveis frente a determinadas situações.

Dentro do contexto familiar, social e da subjetividade de cada um, alguns interpretam a escola como fator de proteção, sentem nesse ambiente a sensação de bem-estar, ampliam as relações sociais, têm garantia de alimentação, lazer e criam importantes laços afetivos. Em contrapartida, outras consideram esse ambiente como fator de risco, por verem nos educadores uma ameaça pelo *bullying* praticado por alguns desses, tais como a violência verbal, o racismo, reprovação, fracasso escolar, etc.

Dependendo do contexto familiar em que a criança está inserida, a interpretação de como se dá esse fator na escola pode alterar, visto que algumas famílias colocam que a escola é um fator de proteção, outras como um campo ameaçador. Assim, é necessário que os profissionais da educação desenvolvam estratégias para promover a resiliência e retomar essa confiança das crianças e da família, fazendo a ressignificação do ambiente escolar, o qual deve propiciar, aos educandos, conexões positivas, em que os fatores de proteção sejam interações com os eventos da vida e capazes de acionar processos de ressignificação e adaptação para tomada de consciência e capacidade de identificar os problemas, suas raízes e procurar soluções.

Sabemos que não existe fórmula mágica, precisamos de disposição para fazermos análises internas e externas profundas e, às vezes, incômodas, para rever conceitos, traçar novas metodologias para entendermos a dinâmica da resiliência.

No desenvolvimento do meu trabalho com a inteligência emocional, algumas estratégias pedagógicas para o fortalecimento da resiliência têm trazido resultados positivos. Dentre elas estão:

- Estudo e leitura de metáforas e parábolas, pois utilizam comandos ocultos e sugestivos, presenteando-nos com esperança, estimulando nossa criatividade e tornando-nos mais conscientes;
- Autocontrole diante de situações adversas; saber administrar as emoções através de técnicas de meditação;
- Fortalecimento do vínculo afetivo, através de acolhimento e escuta ativa;
- Proporcionar o desenvolvimento da criatividade, ser capaz de ser engenhoso, encontrar refúgio na imaginação, na fantasia, capaz de evadir da realidade pela fantasia no sentido positivo, como recurso de sobrevivência e enriquecimento interior;
- Proporcionar momentos de relaxamento através da contação de histórias de humor, pois estas ajudam a diminuir as tensões, deixando os discentes mais leves;
- Técnicas vivenciais de dinâmicas de grupo que consistem numa série de jogos que, de forma lúdica, criativa e dinâmica, proporcionam um efetivo aprendizado em temas como Liderança, Trabalho em Equipe, Planejamento, Superação de Desafios, dentre outros;
- Estabelecimento de um sentido para vida, ou seja, um propósito.

O desenvolvimento desse trabalho tem possibilitado acionar processos de resiliência que favorecem a melhoria da qualidade de vida, da saúde e a adaptação de jovens e crianças em diferentes contextos e situações cotidianas, como demonstrado em depoimentos de alguns desses participantes:

"Eu gostei muito da oficina, você me motivou muito. Graças a você, eu quero seguir meu sonho. Muito obrigado!" Gabriel – 8º ano – Escola Municipal Michael Pereira de Souza – Congonhas/MG.

"Eu achei muito bom e que deveria ter novamente. Me ajudou muito, me trouxe paz, alívio e me mostrou que eu sou ser humano e que eu erro e que nós podemos ser melhores a cada dia". Maria Clara – 3º ano do Ensino Médio – Escola Estadual Sylvio Raulino de Oliveira – Conselheiro Lafaiete/ MG.

Em seu livro "Resiliência", Celso Antunes (2003) diz: *"Para que haja desenvolvimento de competências, habilidades e estratégias para o fortalecimento dos sujeitos resilientes no ambiente educativo, é essencial privilegiar o presente, o aprender a aprender. Dar espaço aos alunos para que se expressem, falem de seus aprendizados, de suas emoções, de suas experiências".*

Nesse sentido, acredito que quando temos um projeto maior para nos apoiar e motivar, passamos a entender que as adversidades são obstáculos a serem superados e que a educação é o caminho para potencializar o desenvolvimento integral de cada indivíduo.

Agora, um convite especial! Faça a leitura sobre a "História do bambu chinês", disponível no site ***metaforas.com.br***, com o título: "As Sete Lições do Bambu". Associe com fatos da sua vida e procure tirar as lições que servirão para refletir sobre importantes momentos e encontrar sentido bom para ressignificar muitas passagens. Essa linguagem amplia nossa percepção sobre a realidade, gera possibilidades de entendimento, esclarece, transforma e ensina.

As referências bibliográficas deste capítulo estão no Anexo, localizado no final do livro.

"É nas adversidades
que encontramos a
força interior que nos
impulsiona a realizarmos
grandes conquistas."

Deliane Zebral

EDINEIDE MARIA DA SILVA

Sou Edineide Maria da Silva, tenho 48 anos, nascida e criada no Sítio Salgadinho, município de Caraúbas/PB. Filha de José Albertino e Maria do Socorro, tenho 4 irmãos: Maria Nazarete, Edileuza Maria, Juvenal Alves e Mônica Rafaella. Sou mãe de Beatriz e Gustavo, e avó de Emilly Vitória e Luís Arthur. Atualmente, resido na cidade de São Domingos do Cariri/PB.

Desde 1995, atuo na área da Educação. Sou pedagoga, pós-graduada em Psicopedagogia Institucional Clínica e Hospitalar e Atendimento Educacional Especializado (AEE) e pós-graduanda em Transtorno do Desenvolvimento do Espectro Autista (TEA) e em Análise do Comportamento Aplicado ao Transtorno do Espectro Autista e Atraso do Desenvolvimento (ABA).

@edineidepsicopedagoga

Edineide Maria

neidesdc@outlook.com

+55 (83) 98626-6773

8 O PODER DA DECISÃO

Por Edineide Maria da Silva

Neste capítulo, será abordada a história de uma mulher sonhadora, determinada e persistente. Impulsionada a alcançar seus objetivos, mesmo sabendo que teria que superar às intempéries advindas ao longo da trajetória. Mesmo assim, não desistiu de galgar sua ascensão.

Durante a minha infância, já se fazia presente o desejo onírico de ser professora. Lembro-me bem dos relatos da minha primeira professora- Maria Salete de O. Costa, à minha mãe, sobre a minha perspicácia e desempenho em sala de aula. Apesar da pouca idade, já apresentava o espírito de liderança sobre as demais crianças.

Esse período fértil da imaginação foi marcado pelo ritmo de muito estudo. Entretanto, aos 9 anos, passei a residir junto com a minha família na zona urbana, na cidade de São Domingos do Cariri/PB. Nessa fase, deparei-me com uma realidade totalmente oposta a que vivi outrora. Ao chegar na referida cidade, encontrei um cenário regado de preconceitos, o que mexeu com o meu emocional. Estas situações me desestimularam e me fizeram perder o encantamento pelos estudos, mas com bastante esforço e determinação, consegui concluir o Ensino Fundamental.

Para isso, deparei-me com a necessidade do deslocamento diário da cidade onde residia para a cidade de Caraúbas, onde eram oferecidas as séries subsequentes do Ensino Fundamental. Esse percurso de 16 km era feito a pé. Foram tempos difíceis, pois o cansaço era um grande obstáculo, levando-me a desistir de estudar.

Aos 19 anos, me casei e tive 2 filhos. Diante da realidade de escassez de oportunidade de emprego, percebi a necessidade de retornar aos estudos, mesmo entendendo que não seria fácil. No entanto, com o apoio dos meus pais, consegui concluir o Ensino Médio através do supletivo LOGOS II.

Depois de 15 anos casada, me separei e no ano de 2008, conheci meu atual esposo, Manoel Eduardo, pessoa que sempre me incentivou e apoiou na minha constante busca de ampliar meus conhecimentos e lutar pelos meus objetivos.

No ano de 2004, concluí a graduação em Pedagogia. Em seguida, fiz pós-graduação em Psicopedagogia Institucional Clínica e Hospitalar e pós-graduação em Atendimento Educacional Especializado (AEE). Atualmente, sou pós-graduanda em Transtorno do Desenvolvimento do Espectro Autista – (TEA) e pós-graduanda em Análise do Comportamento Aplicada ao Transtorno do Espectro Autista e Atrasos do Desenvolvimento (ABA); entre outros cursos, fórum e congressos.

Na trajetória profissional, atuei como pedagoga, coordenadora pedagógica, psicopedagoga, diretora escolar, supervisora educacional, bem como idealizadora e coordenadora de dois projetos de inclusão. Um deles na cidade em que resido, São Domingos do Cariri/ PB, "A CAMINHO DA INCLUSÃO: Cuidar é um Ato de Amar". O outro na Cidade de Caraúbas/ PB, que é o Projeto "ACOLHER: Todos Juntos por uma Educação Inclusiva". Também sou proprietária do Consultório Evoluir, localizado na cidade de São Domingos do Cariri/PB e sócia da Clínica Âncora, em Campina Grande/PB.

Até aqui falei das fases pelas quais passei para alcançar meus objetivos. Todavia, quero também falar da minha capacidade de não desistir e como foi determinante o poder da minha decisão nesse processo de crescimento. Enfrentei vários desafios, mas nenhum deles foi maior do que a minha fé, determinação e vontade de vencer.

Estou certa de que a procrastinação, as crenças limitantes e palavras negativas não conseguiram me parar. Eu não desisti de mim. Como cristã que sou, acredito que Deus me mostrou pessoas solidárias que comigo sonharam os meus sonhos e me fortaleceram com a sua sabedoria, me apoiando e acreditando em meu potencial, o que foi fundamental para que eu conseguisse alcançar o sucesso almejado. Esse sucesso que falo não é sobre dinheiro, fama ou projeção midiática. É sobre ser alguém que quer contribuir com a vida do próximo, alguém que é protagonista de sua própria história.

Graças a Deus tive a sabedoria de ressignificar minhas dores, meus medos e preconceitos. Blindei meus ouvidos para palavras que não me agregavam valores, decidi ser feliz e trazer comigo a frase do poeta Fernando Pessoa: "P*edras no caminho guardo todas, um dia eu construo um castelo*", elas nunca me paralisaram. Apesar de doerem, causarem feridas, eu decidi seguir.

O saudoso Renato Russo falava que "q*uando tudo nos parece dar errado acontecem coisas boas, que não teria acontecido se tudo tivesse dado certo"*. Foram os momentos mais difíceis que passei em sala de aula que me impulsionaram a ir em busca de novas metodologias para poder ultrapassar as barreiras, fossem elas de natureza concreta ou abstrata. Nunca me permiti olhar para trás. As poucas vezes que olhei, foi só para ver onde errei para não errar novamente (pois não conseguiria mudar o passado), mas olhar para frente e planejar o futuro que eu gostaria de ter. Nunca deixei de regar em mim a semente da fé, da esperança, da perseverança e principalmente da certeza que é possível recomeçar.

Acredito que essa tenha sido a virada de chave em minha vida. A partir de então, continuei estudando, me preparando e quando as oportunidades chegavam, eu estava pronta para abraçá-las. O caminho do sucesso só depende de nós mesmos. Alguém pode até nos orientar a andar, mas só nós podemos seguir ou não. Não devemos olhar só para o palco dos outros sem ter noção do que eles suportaram para estarem ali. Mário Quintana diz que "*o segredo é não correr atrás das borboletas...é cuidar do jardim para que elas venham até você*".

Ao longo da caminhada de estudos, percebi que teria, muitas vezes, que me esforçar para alcançar o conhecimento que os outros absorviam com mais facilidade, por terem passado por uma base acadêmica mais eficaz. No entanto, continuei persistindo no meu propósito, nunca parei de remar, mesmo em dias que o mar não estava tão favorável. Em alguns momentos, pude entender que as metas desejadas dependiam do meu esforço, da minha dedicação e que o segredo para as coisas darem certo é perceber que as dificuldades podem ser uma oportunidade de crescimento.

Não posso deixar de ressaltar a minha gratidão a Deus, por ter me dado sabedoria, discernimento e resiliência. Nessa caminhada, aprendi a agradecer por cada conquista, por menor que fosse. Sendo assim, sempre me propus colocar sentimento de amor em tudo que viesse a realizar: como confeiteira, florista, artesã, decoradora, professora, supervisora, diretora, psicopedagoga e coordenadora. Todos esses trabalhos realizei como se fossem o último da minha vida e nunca me deixei alienar das minhas responsabilidades.

Caro(a) professor(a), espero que, assim como eu, você seja proativo e se permita ser protagonista de sua própria história. A docência é tão linda, mas também tão desafiadora. Perpassa por muitos obstáculos; não devemos deixar que os empecilhos sobreponham a nossa vontade de crescer ou anular os nossos sonhos. Não podemos deixar silenciar ou ocultar a voz que ressoa em nossos ouvidos, que diz: "Você merece ir além da lousa, você pode conquistar tudo o que sonha". TUDO DEPENDE DE SUA DECISÃO.

Eu tinha a opção de escolher ficar na minha zona de conforto e não lutar pelos meus sonhos. No entanto, decidi ser uma mulher forte que não desiste de alcançar seus propósitos. Hoje posso dizer que sou realizada.

Sei que ainda tenho muito caminho para percorrer, pois ainda não sou quem gostaria de ser. Mas agradeço a Deus, pois já não sou quem eu fui. Neste sentido, todos os dias peço a Ele sabedoria para semear o bem, para mais tarde eu não temer a colheita. De acordo com Rubens Alves, "*quem não tem jardim por dentro, não planta jardim por fora e nem passeia por eles*".

Ser professor é ir além da lousa, é ter a sensibilidade de tocar almas, adubar sonhos e estar sensível a cada gesto ou olhar de seu aluno, é sair do seu planejamento programado para a semana e reprogramá-lo de acordo com a necessidade observada naquele momento, com foco em um resultado positivo e uma aprendizagem significativa. A missão de ser professor nos permite muitas possibilidades, entre elas a de ser construtor de alicerces humanos. Segundo Gabriel Chalita, "*ser professor é ser condutor de almas e de sonhos, é lapidar diamantes*".

Estejamos cientes de que nem tudo é só alegria na vida pessoal e profissional. Mas é justamente nesses momentos que precisamos ser resilientes e leves em dias pesados e não permitirmos que as pedras encontradas no caminho nos impeçam de seguir a nossa jornada. Faz parte ficar triste, chateado e até mesmo desmotivado. Só não devemos anular nossos sentimentos, também não esperar que os outros mudem. A mudança deve partir de nós mesmos. Sejamos resilientes, não gastando nossas energias com coisas que não são proativas. Sigamos em frente, ainda que os ventos sejam contrários, haverá sempre um porto seguro para quem não desiste de remar.

Para quem quer ser um vencedor, não deve se abalar com coisas pequenas que surgem a fim de tirar o propósito pretendido. É preciso ter discernimento e não se deve perder de vista o lugar que se deseja chegar. Quem deseja realmente vitória, deve se preparar para a batalha. Um soldado não vai para uma guerra despido, sem armas. Precisamos nos capacitar para os enfrentamentos da profissão. Pois, por mais que alguém queira nos derrubar, devemos estar com o escudo da fé e a espada do conhecimento.

Nunca esqueçamos de que temos em nossas mãos o poder da decisão. Floresça onde Deus te plantar. "*Todos querem o perfume das rosas, mas poucos sujam as mãos para cultivá-las.*" (Augusto Cury). Neste sentido, convido os caros leitores a fazerem uma reflexão sobre o tema abordado e desenvolvido nesse capítulo e, a partir de então, dar sentido ao que se propõem a fazer; não falo de coisas extraordinárias, falo de fazer coisas simples se tornarem memoráveis. Seja luz e ser luz não é sobre brilhar, mas sobre iluminar caminhos.

Dedico este capítulo primeiramente a Deus, fonte de toda inspiração e sabedoria. À minha mãe Maria do Socorro da Silva (in memoriam) que através de seu exemplo de força, coragem, fé e alegria, foi a mola propulsora que permitiu o meu avanço. Enfim, a todos os demais familiares e amigos.

> Eu decidi nunca desistir dos meus sonhos e não permitir que as crenças limitantes e as dificuldades sabotassem a minha proatividade.
>
> **Edineide Maria da Silva**

FÁTIMA LIMAS

Sou Fátima Atanásio Limas, 48 anos, casada há 25 anos com Alexsander Limas. Temos 2 filhas, Alexia e Alanis, e construímos uma família baseada no amor e no respeito!

Graduada em Pedagogia, sou fundadora do Colégio Caminho do Saber, lugar onde o amor e a educação acontecem diariamente.

São 28 anos dedicados à educação e às crianças; busco deixar um legado de comprometimento com a evolução, com a aprendizagem e principalmente que quando lembrarem de mim sintam carinho e tenham boas memórias!

_fatima_limas_

+55 (47) 98401-3270

fatima@colegiocaminhodosaber.com.br

www.colegiocaminhodosaber.com.br

9 O PRINCÍPIO DA INCERTEZA

Por Fátima Limas

O que nos move? Qual é o sentido de levantar todos os dias da cama? Desde muito pequena eu já pensava nessas perguntas. Tentava buscar as respostas e sabia que chegaria lá, mesmo imaginando que não fosse fácil.

Sempre tive o gosto pela leitura, mesmo tendo para ler apenas um gibi novo por mês; lia sempre e lia devagar, a fim de ela durar mais. Para minha alegria, quando iniciei o "ginásio", hoje Ensino Fundamental II, descobri a Biblioteca Municipal. O mundo estava em minhas mãos, poderia ler tudo o que quisesse e todos os dias, o que de fato aconteceu; tornei-me uma frequentadora assídua do lugar.

Em uma das leituras, deparei-me com a seguinte frase: "Você é do tamanho dos seus sonhos". Nesse momento pensei: então eu sou enorme, pois sempre desejei ir muito longe!

Sou natural de Lages/SC, casada e tenho duas filhas; hoje moro em Rio Negrinho, também em SC. Para mim, o mais importante sempre foi que elas tivessem a melhor oportunidade, a fim de alcançarem um futuro brilhante, e sempre acreditei que o segredo para isso estava nos estudos, pois "fazer a diferença na vida das pessoas, através de uma educação transformadora, baseada no afeto e no amor" sempre me foi como um lema e se eu pudesse transformar a vida das minhas meninas, seria perfeito. Minha história na educação já se escreve há 26 anos e foi por elas que ela começou a acontecer.

A primeira formação que busquei foi a de enfermeira, decidi assistindo a um filme que mostrava apenas o lado mágico da profissão; formei-me técnica em enfermagem em 1993 e descobri que a mágica não era uma frequente nessa área, por isso nunca exerci a função. Em 1995, já tinha concluído o curso de Magistério. Sempre tive apoio das pessoas que me amam e, nesse momento, meus pais me apoiaram como nunca.

Em 1997, me casei e mudamos para Cascavel, lugar este que posso dizer que tem uma pontinha de culpa por eu ter chegado aonde cheguei, pois foi lá que conheci a escola particular e o sistema de ensino que me encantou. Em 1998, já estávamos morando em Rio Negrinho e eu já grávida da minha primeira filha, Alexia. Consegui desempenhar o papel de mãe exclusivamente por dois anos, mas eu queria mais. Eu ainda precisava garantir que minha filha pudesse contar com a melhor educação.

Foi nesse momento que, casada, mãe e com um sonho gigantesco, precisando também me recolocar no mercado de trabalho, iniciei minha corrida rumo a uma educação de qualidade e decidi abrir minha própria escola. Corri atrás dos documentos para autorização, reformei o espaço para torná-lo adequado, mesmo precisando financiar o investimento inicial. Em 7 de agosto de 2000, inaugurei a Escolinha Caminho do Saber e minha filha mais velha seria, isso mesmo, uma de minhas primeiras alunas.

Contando assim parece que foi fácil, simples e que logo cheguei aonde tanto queria. Porém, obstáculos são uma realidade e comigo não foi diferente. Eu precisava conquistar a comunidade da minha cidade, fazer com que confiassem no meu trabalho, pois falar é fácil, mas eu não tinha uma formação mais específica para gerir um centro de educação. Colocar em prática foi um grande desafio, o qual enfrentei com garra e vontade de vencer. Por este motivo, precisei contratar alguém capacitado para a função e eu faria o que me era possível: cozinhar para os pequenos e manter o espaço limpo. Iniciei a escola com três alunos, e encerramos o ano de 2000 já com oito alunos.

Em 2001, atendíamos apenas a Educação Infantil e, mesmo assim, já iniciamos o ano com 25 matrículas. O espaço começou a ficar pequeno e meu coração cada vez maior e mais empolgado vendo o crescimento da minha escola e o que era uma incerteza virando realidade. Em meados do corrente ano, senti a necessidade de mudar a escola para um espaço maior. Nesse momento, fui novamente tomada pela incerteza e o medo de não ser capaz. O aluguel seria dobrado e as responsabilidades aumentariam, mas a vontade de vencer era maior e abracei mais uma vez a causa, encarei o desafio e além de mudar de lugar em virtude do número de alunos, decidi implantar o Ensino Fundamental I. O processo de autorização para este já se iniciou no ano de 2003.

Nesse momento, mais desafios, mais obstáculos, pessoas lutando contra o nosso crescimento e o sistema não colaborando para conseguirmos a liberação. Foi quando decidi ir direto a Florianópolis, no Conselho Estadual de Educação, a fim de agilizar a liberação - o que de fato aconteceu, graças a minha viagem - a tempo de, em 2004, iniciarmos o ano com Educação Infantil e Ensino Fundamental I.

Todavia, ainda não tinha uma formação específica para comandar a minha escola, pois, em virtude da vinda para Rio Negrinho, havia trancado a faculdade de pedagogia; porém, sentindo essa necessidade, isso não tardou a acontecer. Sempre tive muito apoio de todas as pessoas que amo, em especial minha família e, assim, segui para subir mais um degrau na minha vida educacional. Em 2005, eu já estava formada em Pedagogia na UnC – Universidade do Contestado de Mafra/SC, e em 2007 já havia concluído minha pós-graduação em Gestão Escolar.

A partir desse momento, poderia dizer de boca cheia e com o peito inflado de orgulho que estava fazendo o que amava e à frente da direção e coordenação do Colégio Caminho do Saber. E nesse mesmo ano, conseguimos a autorização para a implantação do Ensino Fundamental II.

Sempre fui movida por desafios e um único propósito: "Educação com afetividade, fazer a diferença na vida das pessoas através da educação e do amor". Olhar o aluno nos olhos e poder participar do seu desenvolvimento de forma completa é o que sempre me motivou. A minha profissão é a melhor do mundo pois é gratificante poder acordar todos os dias sem rotina, até porque escola não é rotina. E não é rotina porque todos os dias há situações, desafios e oportunidades diferentes. Cada aluno, cada olhar, cada turma é um aprendizado e uma evolução. E ver a transformação nas crianças através do desenvolvimento e do crescimento faz valer cada obstáculo enfrentado para chegar até aqui.

Contar a história de uma instituição de ensino, de uma pessoa sonhadora que sempre teve como objetivo na vida fazer bem-feito o que quer que tivesse que fazer, me deu forças para enfrentar mais um desafio. Com o crescimento e o reconhecimento da comunidade, seguimos a caminhada e implantamos o Ensino Médio. Como um dos meus principais objetivos era buscar qualidade, precisei ir em busca de professores qualificados para que o Ensino Médio fosse o melhor da região, pessoas comprometidas com a aprendizagem e preocupadas com o ser, com o desenvolvimento do aluno, tanto individual como intelectual.

Em 2011, começamos mais essa etapa e já pudemos iniciar com duas turmas de Ensino Médio, o que fez com que em 2012 a primeira turma de "Terceirão" realizasse sua formatura no Colégio Caminho do Saber.

Muitas foram as conquistas ao longo desses 23 anos, à frente de uma instituição de ensino. Com propósitos e metas a serem cumpridas, o estudo, a dedicação e a persistência fizeram parte diária da minha vida e de meus colaboradores, pois hoje somos uma grande família, é assim que nos sentimos lá dentro.

Todas essas batalhas vencidas me fazem acordar todos os dias agradecendo; agradecendo cada oportunidade, cada dia vivido no Caminho do Saber, sempre rodeada de crianças, de jovens com sede de conhecimento, sede de crescimento, para mim isso é uma dádiva!

O colégio também realiza sonhos, muitos deles inimagináveis. Consegui levar à Disney um grupo de crianças e poder fazer parte dessa experiência; contribuir para a realização de algo que é o sonho de muitos é incrível. Sermos reconhecidos pela excelência, pelo comprometimento e pelo amor com que desempenhamos nosso papel é gratificante!

Além de realizarmos sonhos, construímos memórias e são estas que ficam, memórias boas de uma pessoa que olhou para seu aluno de forma completa e viu nele mais do que apenas uma criança, um adolescente, um jovem, viu nele um ser humano repleto de sonhos e objetivos também. E ajudá-lo a chegar lá, ou pelo menos influenciá-lo no meio da caminhada, é um dos nossos propósitos. Aqui não buscamos apenas a obrigação do estudo, mas queremos saber a todo momento se o aluno está bem, se está feliz, se está aqui porque quer uma educação de qualidade, porque quer um lugar em que se sinta bem.

A única certeza que me acompanha até hoje é a de estar presente na vida dos alunos, deixar um legado de uma pessoa que corre atrás dos seus sonhos e que não mede esforços para que as coisas aconteçam. E sabia que passaria por dificuldades, enfrentaria obstáculos, mas queria, mais do que tudo, vencer a batalha e seguir na luta em busca do meu objetivo. Uma instituição escolar que preza pela excelência, pela qualidade no atendimento, que vai atrás da inovação, da capacitação contínua e que seja referência no mercado era o que eu desejava e estava alcançando.

Hoje contamos com um sistema de ensino de ponta, projeto bilíngue, programa socioemocional. Com todas as ferramentas em mão, uma estrutura física, de material e de pessoal de qualidade, hoje posso dizer que somos a terceira maior escola do planalto norte, segundo o censo escolar, a primeira no Enem desde 2013 em nossa cidade. Dos dois colaboradores e três alunos que éramos no início, hoje conto com 61 profissionais e 463 estudantes, podendo dizer que constituímos juntos a família Caminho do Saber e para aumentar ainda mais a minha alegria, nesse ano de 2023, minha filha mais nova, Alanis, concluirá o Ensino Médio, com a qualidade que sempre busquei.

O princípio da incerteza se tornou um empreendimento de sucesso profissional, pessoal e intelectual, não só na minha vida, da minha família, mas de todos que fizeram parte dessa caminhada. Foi isso que me moveu até aqui e que vai continuar me movendo, vai continuar trazendo o sentido para eu levantar da cama todos os dias com um sorriso no rosto e podendo olhar para cada aluno que ainda vai fazer parte dessa história, pois ela é muito jovem e tem muito ainda a escrever.

"É necessário fazer a diferença
na vida das pessoas
através de uma educação
transformadora e amorosa!

Fátima Limas"

FRANCISLENE FAUSTINO

Sou Francislene Faustino, pedagoga, psicopedagoga, especialista em Neurociência e Aprendizagem e mestra em Educação em Ciências. Mineira, apaixonada por Educação, inclusão e tecnologia digital, criei um blog e perfis profissionais em redes sociais para compartilhar minhas vivências pedagógicas.

Em 2020, as redes sociais ganharam mais visibilidade e meu trabalho tomou uma proporção maior, o que me permitiu conhecer pessoas, compartilhar práticas pedagógicas e me tornar uma influenciadora e criadora de conteúdo digital.

@franfaustino.oficial

@franfaustino.oficial

pedagogafranfaustino@gmail.com

+55 (35) 99730-9109

Blog franfaustino.blogspot.com

10

RENASÇA COMO EDUCADOR

Por Francislene Faustino

A educação na perspectiva da diversidade

Assim como a maioria das crianças da minha época, eu também queria me tornar professora, porém essa não foi a minha primeira escolha profissional. Sempre fui muito estudiosa, dedicada aos estudos, o que me fez sempre sobressair no meu percurso educativo. O Magistério entrou na minha vida quando eu já era mãe e esposa, retornei aos estudos e fui cursar licenciatura em Pedagogia. Nessa época, eu trabalhava como auxiliar administrativo na Secretaria de Educação do meu município, em Wenceslau Braz, Minas Gerais, uma cidadezinha de menos de 3000 habitantes.

Na graduação, passei por vivências ímpares e uma delas foi participar de um projeto da faculdade em parceria com o Programa Institucional de Bolsa de Iniciação à Docência – PIBID, que oferece bolsas para estudantes de cursos de licenciatura plena, financiados pela Coordenação de Aperfeiçoamento de Pessoal de Nível Superior – CAPES, para que eles exerçam atividades pedagógicas em escolas públicas de ensino básico.

Foi durante esse tempo que tive uma das experiências fundamentais para o início da minha carreira profissional, quando desenvolvi com a equipe um projeto de intervenção pedagógica em uma escola de educação especial. Essa experiência me deu a oportunidade de observar mais de perto as dores dos alunos público-alvo da educação especial- PAEE, dos seus familiares e também de toda equipe escolar.

Ao compartilhar minhas experiências com meus colegas de faculdade, pude ver o quanto eu era privilegiada em, ainda na graduação, passar por essas vivências e aprender *in loco* como se dá o desenvolvimento de alunos com deficiência intelectual, TDAH, Transtorno do Espectro Autista – TEA, etc. Durante esses dois anos, escrevi artigos científicos como autora e coautora, participei de congressos, seminários, palestras e formações pedagógicas, o que me trouxe muito aprendizado acadêmico e científico.

Assim que me formei, iniciei o mestrado em Educação em Ciências e é claro que meu projeto não poderia ser em outro segmento, que não a educação especial na perspectiva inclusiva. Durante todo o percurso de pesquisa, pude perceber o quanto a educação inclusiva ainda é uma incógnita para muitas instituições e profissionais, principalmente na educação básica pública, que foi o alvo da minha pesquisa e é o meu campo de trabalho, já que sou professora do Ensino Fundamental dos anos iniciais de escola pública.

O fato é que o relato dos professores, tanto do Ensino Fundamental II, quanto do Médio que entrevistei, eram muitas vezes implícitos, outras vezes explícitos, de que a responsabilidade dos alunos PAEE era dos professores do atendimento educacional especializado – AEE, e com isso, raramente havia uma preocupação desses professores regulares em adaptar suas aulas para esses alunos, de maneira que eles pudessem ter uma participação mais efetiva nas aulas e mais facilidade na compreensão do que era ensinado.

Sabe-se que a inclusão, até os dias de hoje, ainda é um dos assuntos mais polêmicos e discorridos entre professores, quer seja entre os professores experientes ou mesmo os que estejam em processo de início de carreira. A verdade é que, naturalmente, espera-se encontrar uma solução certeira para todos os desafios que a inclusão traz na sala de aula, porém, não existe uma receita pronta, um passo a passo único a seguir.

Os indivíduos, mesmo que possuam o mesmo diagnóstico, apresentam necessidades de aprendizagens diferentes, além de cada um responder às intervenções de maneira diversificada, pois cada aluno é único e possui intercorrências sociais, culturais, afetivas além das cognitivas. Por isso, é importante que o professor utilize de diversos recursos, diversas metodologias, e desenvolva nos alunos as múltiplas inteligências, que Gardner (1983) ressalta em seus estudos. Assim, é importante que nós professores levemos em consideração a sala de aula como um laboratório de pesquisa, em que as intervenções ocorrem e é preciso observar como elas se desenvolvem em diferentes indivíduos, quais potencialidades estão sendo despertadas e quais ainda precisam de mais atenção.

Os estudos da Neurociência aplicada à Educação afirmam que a aprendizagem é um processo que ocorre desde antes do nascimento, pois ainda no ventre da mãe é possível aprender e reproduzir movimentos que os tornam confortáveis, aprender a diferenciar a voz das pessoas que convivem com a genitora e assim, após o nascimento e por todas as fases da vida, o ser humano é capaz de construir conhecimento sobre os diversos temas. De acordo com Líbâneo (1994), a aprendizagem ocorre estabelecendo relação entre o aluno e o objeto de conhecimento a qual estabelece relação, que pode sofrer interferência biológica, cultural, social e emocional. Assim, considera-se a aprendizagem uma ação conjunta entre professor, aluno, família e sociedade e quando algum desses pilares está em desajuste, pode ocorrer prejuízo na construção do conhecimento e aprendizagem efetiva.

Durante a minha formação profissional, todas as dúvidas eram levadas em discussão com os demais participantes do projeto e essa atitude tornava mais fácil compreender o que estava de fato acontecendo naquele processo de ensino e aprendizagem. Desta forma, a Educação não se pauta por um único indivíduo, por um professor que, sozinho resolverá todos os conflitos sociais, emocionais e cognitivos dos seus alunos. A parceria entre escola, família, gestão e coordenação pedagógica, o AEE e uma equipe multidisciplinar, é o que favorecerá o sucesso da aprendizagem e do desenvolvidos dos alunos. A educação na perspectiva inclusiva, a princípio, irá gerar instabilidade, mas quando há apoio de pessoas envolvidas, que assumem o compromisso com a Educação, o processo se torna mais fácil, e mais rápido se alcança o sucesso.

Por mais que a aprendizagem seja uma relação cognitiva, o aspecto emocional é fundamental para determinar o quanto esse aluno se desenvolverá na sua aprendizagem. Um sujeito motivado, com autoestima elevada e que se sinta capaz, com certeza apresentará um bom desenvolvimento na realização das atividades e na compreensão do que é proposto (Antunes, 1999). O aluno se dedica melhor quando percebe a importância e a necessidade de aprender o que é apresentado pelo professor e pelo currículo escolar.

O professor é o mediador da aprendizagem, ele está entre o aluno e o conteúdo e cabe a ele estabelecer essa relação entre um e o outro de maneira prazerosa, tranquila, para que esse aluno sinta a aprendizagem satisfatória, percebendo-se como sujeito ativo neste processo, o que acarretará ganho no seu desenvolvimento.

Tão importante quanto mostrar o ponto de chegada, é apresentar o ponto de partida e o caminho a percorrer. Assim, é importante que nós educadores apresentemos ao aluno e à família qual é o objetivo final para etapa da aprendizagem, mas que mostremos também de onde iniciará e quais caminhos pretendemos percorrer para chegar no objeto do conhecimento. É claro que durante o caminho encontraremos obstáculos, uns fáceis de lidar, outros que demandarão um trabalho mais árduo, porém, buscar soluções efetivas para sanar as dificuldades e buscar também parcerias para auxiliar o professor, é fundamental para obter sucesso.

Por mais que o professor possa estar à frente da construção da relação ensino e aprendizagem dos seus alunos, ele não executa seu trabalho sozinho e, muitas vezes, é necessário contar com a intervenção de outros profissionais, como psicopedagogos, fonoaudiólogos, psicólogos, neuropsicopedagogos e outros profissionais, que juntos trabalharão para o melhor desenvolvimento do sujeito. A articulação entre esses profissionais, entre a equipe multidisciplinar e a família, e a adaptação curricular, é de suma importância para o desenvolvimento dos alunos e para a promoção de uma educação inclusiva que aconteça efetivamente.

Assim, quando iniciei em sala de aula até os dias atuais, lecionei e leciono para alunos que necessitam de adaptações curriculares para se desenvolverem. Para garantir que a aprendizagem ocorra da maneira mais tranquila possível, sem traumas para os alunos, seus familiares e também para mim quanto professora, é essencial que logo no começo do ano já fique claro a importância do acompanhamento e participação da família e de uma equipe multidisciplinar, que durante todo o ano estará lidando com as diversas situações que possam ocorrer nesse processo de ensino e aprendizagem.

Uma adaptação curricular efetiva, que tenha bons resultados, deve conter intervenções que desafiem os alunos, pois se as atividades propostas tiverem um grau considerado fácil, não exigirá muito esforço e se apresentar um grau de dificuldade muito além da compreensão desse aluno em executar sozinho ou que ele precise o tempo todo de ajuda para realizar, será desmotivador e desinteressante para ele. O ideal é que o professor construa propostas para sua prática pedagógica, baseada na interação dos alunos com o conteúdo a ser aplicado, adequando, quando necessário, os ritmos de aprendizagem e utilizando-se de metodologias que sejam dinâmicas, diversificadas e que causem motivação nos alunos.

Um currículo dinâmico e flexível é capaz de favorecer a aprendizagem. Claro que sabemos que há um currículo institucional próprio a seguir, porém, o que nós professores não podemos abrir mão é de que esse currículo passe por adaptações próprias para cada necessidade dos alunos e que haja apoio para a efetivação dessa adaptação. Esse suporte deve transpor a barreira política, econômica, metodológica e organizacional, e é papel do educador não se permitir ser o único responsável pela aprendizagem dos seus alunos PAEE.

Assim, é fundamental que nós professores deixemos evidente que não exercemos um único papel na sociedade, visto que além de educadores, somos pais, filhos, membros da comunidade, participantes de diversos grupos sociais e que, acima de tudo, somos seres humanos, falhos e que na luta por um mundo melhor, nos tornamos professores, com o propósito de transformar a sociedade através de uma educação para todos.

As referências bibliográficas deste capítulo estão no Anexo, localizado no final do livro.

> A educação na perspectiva inclusiva a princípio irá gerar instabilidade, mas quando há o apoio das pessoas envolvidas, mais rápido se alcança o sucesso.
>
> **Francislene Faustino**

HUDSON RODRIGUES

Professor, teólogo, orientador educacional, Coach Integral Sistêmico, casado com Patrícia, pai de duas meninas e dois meninos (mesmo os crescidos continuam sendo meninos e meninas).

Atuo no mundo da educação desde o ano 2000. Ser o primeiro homem da família a ter o Ensino Superior foi uma das maiores conquistas que tive. Representou a ascensão de minha família e de muitas outras pessoas perto de nós.

Ciente disso, busco em minha trajetória contribuir com a realização dos sonhos. O sonho tem relação profunda com a ação. E é para esta reflexão que te convido.

Deixo aqui meus contatos para possíveis e desejadas conexões:

@ohudsonrodrigues

+55 (61) 98525-3961

11 META: SONHO COM HORA MARCADA

Por Hudson Rodrigues

É interessante observar como os sonhos são valorizados em nossa sociedade. É muito comum escutar as pessoas dizerem: "Você tem que correr atrás dos seus sonhos". Ou ainda, frases de impacto como: "Sonhos são degraus a serem alcançados", etc.

De fato, os sonhos alimentam a caminhada de uma grande parte das pessoas. A maioria, infelizmente, não tem a ousadia de sonhar e projetar algo maior à sua frente. Os desafios do cotidiano, as dificuldades para evoluir, a quantidade de notícias tristes que são repassadas diariamente faz com que a maior parte das pessoas não tenha coragem de sonhar com dias melhores. Estas pessoas acabam pensando que alimentar sonhos é cultivar ilusões.

Possivelmente, você já ouviu alguém dizer frases do tipo: "Pare de sonhar e faça algo concreto". Ou ainda: "Sonhar é fácil, quero ver é fazer no mundo real". Ou uma das mais difíceis de serem rompidas: "Sonhar não leva ninguém a lugar nenhum". Todas estas afirmações produzem crenças limitantes robustas que, por assim ser, tornam-se autorrealizáveis. Deste modo, é possível compreender que se estas podem tornar-se verdadeiras, o contrário também é admissível.

Pessoalmente, eu enfrentei este dilema quando no início de minha carreira profissional buscava realizar sonhos e me defrontava com pensamentos limitadores como os listados acima. Hoje compreendo que a maior parte das pessoas que me aconselharam a deixar de lado o sonho do novo emprego, do carro zero quilômetro, da casa própria, queriam me proteger. Estas pessoas me amavam de uma maneira tão bonita e sincera que não queriam me ver cultivar o desejo de conquistar algo e me frustrar por não ter conseguido. Aqui compartilho com você, caro leitor, uma constatação importante: muitas vezes a pessoa que tenta te dissuadir de um passo ousado está tentando te proteger de uma grande frustração. Seja porque ela já se frustrou fazendo algo parecido, seja porque ela ainda não enxergou que você é capaz daquela conquista. O fato é que, uma pessoa que te ama profundamente vai tentar te proteger do sofrimento.

Por isso, é fundamental que ao compartilhar os seus sonhos e planos você o faça com quem pode contribuir com a realização. No entanto, lembre-se que para te ajudar a dar um grande passo, é preciso que esta pessoa tenha experimentado algo semelhante. Ousadia exige experiência e treino.

Pois bem, iniciei este texto refletindo sobre a valorização dos sonhos em nossa sociedade. Contudo, os sonhos tornam-se de fato tangíveis quando eles se tornam metas. Por isso, costumamos dizer que metas são sonhos com hora marcada.

Observe um casal de namorados, passam os dias a programar encontros, passeios e a enamorar-se. Quando definem casar-se, tudo ganha um novo sentido. Agora, aquele sonho passa a ter data e hora para acontecer. O sonho do casamento virou uma meta.

As metas, por assim dizer, são a definição de um objetivo determinado com exatidão de propósito e de data para realizar. Recomendo aqui a leitura do livro A Tríade do Tempo, de Christian Barbosa. Ele diz que meta é:

"Algum objetivo (ou sonho) definido por escrito, de realização possível, importante e que você realmente queira alcançar." (Barbosa, 158)

Este conceito é importante porque nos apresenta elementos tangíveis que facilitam a compreensão do que, de fato, é uma meta. Ela precisa ser pessoal, estar escrita, ser tangível e provocar o desejo de alcançá-la. Vista assim, a meta ganha contornos de realização. Se algum destes elementos estiver ausente, ela pode ser um sonho distante ou simplesmente um projeto a se realizar.

Acompanhe o raciocínio e faça suas próprias constatações. **A meta é pessoal**. Por mais que envolva outras pessoas- e sempre envolverá mais alguém além de você – a meta é uma conquista pessoal. Logo, o desafio também é pessoal. Voltando ao exemplo do casamento, é evidente que o objetivo de ambos é chegar ao grande dia, no entanto, a realização é pessoal. Inclusive, este é um dos ingredientes para um casamento feliz, realizar a sua conquista proporcionando a conquista para a outra pessoa.

A meta precisa ser escrita. Se a pessoa não escreve em algum lugar a meta, como poderá verificar se alcançou? Se a meta não estiver escrita não é possível atestar que foi alcançada. Além disso, escrevê-la ajuda a dar os contornos de detalhes que proporcionam uma melhor visualização de seus objetivos. Por exemplo: se a meta é comprar uma casa para sua família, descreva como é esta casa, quantos quartos ela tem, qual a cor das paredes, etc. Este passo é fundamental para que você consiga criar a imagem de realização em sua mente.

Por fim, **as metas precisam ser tangíveis e relevantes**. Uma meta que não é possível de ser alcançada não será estimuladora. Logo, a energia para alcançá-la não será a mesma. Para compreender, basta pensar que não faz sentido para um time de futebol da 4ª divisão do campeonato brasileiro estabelecer como meta que será campeão mundial de clubes. É óbvio que este time pode chegar ao campeonato mundial, no entanto, a sua meta tangível precisa ser chegar à primeira ou segunda divisão do campeonato nacional. Após isso, talvez o sonho do título mundial possa converter-se em meta. Antes, será sonho.

Na mesma linha de pensamento está o critério da relevância. Imagine uma pessoa que passou 20 anos fazendo economias para a compra da casa própria. Ao final deste tempo, ela já tem o dinheiro suficiente rendendo em aplicações financeiras e resolve estabelecer a data de compra de sua casa. Esta definição de data não torna a realização da compra da casa uma meta, pois o elemento do desafio já foi superado. Esta meta seria razoável há alguns anos, pois ela teria que esforçar-se para planejar o montante de dinheiro para realizar aquele sonho. Agora que já está com o dinheiro reservado, a data da compra é a definição de mais um projeto.

Em minha experiência profissional, tenho ajudado as pessoas a organizarem seus planos de vida. Observando de maneira organizada, denominamos esta organização como Projeto Pessoal de Vida. É muito interessante destacar que o Projeto de Vida também passa pela definição de metas, pois se uma pessoa define por fazer um curso superior, terá necessariamente que definir data de início, local para estudar, quantidade de tempo e dinheiro a serem investidos. Neste sentido, eu digo que metas têm muito mais a ver com nossas vidas cotidianas do que imaginamos. São as metas que demarcam os pontos de chegada de nossas vidas. São as metas que apontam os caminhos que trilharemos.

Para que você, caro(a) leitor(a), também tenha metas muito bem desenvolvidas e congruentes com sua vida, eu te convido para seguir um passo a passo que é a soma dos métodos de três grandes referências para meu trabalho. A ordem que os apresento é pedagógica e não por relevância. A primeira delas é Paulo Vieira que acrescentou a letra E de Ecológico à metodologia SMART. Com o acrescimento, a definição de uma meta será:

- S – Specific (Específica)
- M – Measurable (Mensurável)
- A – Achievable (Alcançável)
- R – Realistic (Realista)
- T – Timely (Temporizada)
- E – Ecologic (Ecológica)

Assim, ao definir uma meta, é preciso saber se ela faz bem a seu ecossistema. Uma meta que te afasta de sua família, que reduz a qualidade de vida sem que isto esteja perfeitamente ajustado e com tempo determinado, não é a realização de um sonho. É justamente neste aspecto que acrescento a reflexão do também treinador Joel Jota. Em seu livro *100% Presente*, Joel desenvolve uma profunda reflexão sobre performance e qualidade de vida. Deixando muito claro que, não existe performance se a vida está desajustada. Não é possível ser um profissional de excelência se a vida pessoal está uma bagunça. Esta é a chave para compreender o acréscimo do termo ecológico à metodologia SMART. Não basta estabelecer metas audaciosas em uma dimensão da vida e deixar as outras sem parâmetros.

Feitas estas explicações, te convido a imergir nesta metodologia seguindo as orientações da maior propagadora de educação financeira do Brasil, Nathália Arcuri. Para ela, a definição de uma meta é precedida por uma necessidade. Ao conseguir descrever perfeitamente a sua necessidade, você conseguirá escrever a sua meta.

Deste modo, Arcuri sugere que seja feito o seguinte exercício:

Escreva sua necessidade conforme a fórmula abaixo:

EU PRECISO DE ____________ (VALOR EM REAIS) ATÉ A DATA _________ (DEFINIÇÃO DE DATA LIMITE PARA AQUISIÇÃO) PARA COMPRAR ___________ (DEFINIÇÃO DO OBJETO A SER ADQUIRIDO) PORQUE __________ (RAZÃO QUE JUSTIFIQUE A AQUISIÇÃO DO BEM) E PARA ISSO VOU INVESTIR _____ TODOS OS MESES.

Após descrever com precisão esta necessidade, você terá em suas mãos a prévia de uma meta. Na sequência, você transformará a necessidade em meta. Veja o exemplo: MINHA META É GUARDAR R$12.000,00 ATÉ 30/06/2025 PARA TROCAR O CARRO ___________ (DEFINIR O MODELO E ANO), POIS ESTE CARRO TRARÁ MAIS CONFORTO PARA MINHA FAMÍLIA E PARA ISSO APLICAREI R$500,00 POR MÊS DURANTE 24 MESES. (Obs: Este texto foi publicado em junho de 2023).

Observe que nesta sequência você tem três grandes referências com resultados comprovados e com conteúdos absolutamente acessíveis, para que você possa implementar em sua vida a prática de definir metas que tornarão os seus sonhos realidade. Ao fazer o exercício e colocar em prática o que te apresentei, os maiores beneficiados serão você e as pessoas que estão próximas a ti. Experimente estas técnicas simples e verá os resultados incríveis que trarão para o seu cotidiano.

Faça a experiência. Coloque em prática e veja como seus sonhos se tornarão realidade.

As referências bibliográficas deste capítulo estão no Anexo, localizado no final do livro.

"Sonhar é verbo, tem mais a ver com ação do que com a imaginação."

Hudson Rodrigues

KELEM LIMA

Tecnóloga em Gestão de Marketing, MBA em Gestão de Pessoas, formanda em Pedagogia, empresária na área de educação infantil, empreendedora digital, mentora e professora. Há 23 anos trabalhando com equipes e mais de 600 alunos capacitados para o mercado de trabalho.

Da educação em sala de aula, preparando profissionais para ingressar no mercado de trabalho, passei a educar crianças através da escola infantil e também educar as crianças, professores e gestores de escola da infância.

Minha missão é impulsionar a educação e a economia do país através de empreendedoras da educação infantil.

@saladadire

kelem@kelemlima.com.br

+55 (55) 99630-7343

12 TRANSFORMANDO SUA REALIDADE PROFISSIONAL

Por Kelem Lima

"Estude para ser alguém na vida", certamente você já ouviu essa frase e talvez tenha sido uma consideração feita pelos seus pais ou alguém da sua família. Saiba que essa informação pode estar enraizada na sua própria noção de valor e tenha transformado você em quem é hoje, talvez tenha impactado tanto seu neurodesenvolvimento que, inclusive, você acabou escolhendo a licenciatura como sua profissão. Afinal, professores são eternos estudantes.

Enquanto estudantes, nossos olhares estão muito mais voltados para o futuro, estamos em busca de algo no qual iremos nos tornar, mesmo assim, é importante compreender a situação presente e "cuidar onde pisa". A cada passo que damos, não devemos medir esforços para que tenhamos segurança, pois um obstáculo no caminho poderá impactar nossos resultados.

Nesse contexto, cabe ressaltar que você já é alguém na vida, independente da sua formação profissional ou do quanto você estude por dia. O que forma um profissional não é apenas o seu diploma e sim, a experiência acumulada em toda sua jornada: sua personalidade, seu caráter, suas habilidades e principalmente sua atitude.

Durante a caminhada, é possível que um profissional progrida em amadurecimento, desenvolva sua inteligência emocional, busque treinamento de técnicas de relacionamento interpessoal, e tudo isso poderá colaborar muito com o seu sucesso.

Só tem algo que não é possível: a colheita sem a semeadura!

Vamos pensar em um fazendeiro, que não planta na primavera, passa o verão inteiro descansando e depois trabalha como louco no outono para conseguir uma boa safra. Sem esforços diários e sem processos bem estabelecidos, como você imagina que foram os resultados dessa colheita?

Da mesma forma, um aluno que estuda somente na véspera da prova, ele poderá até conseguir passar, quem sabe até atingir boas notas, mas sem se dedicar diariamente ao aprendizado e ao seu desenvolvimento, não irá dominar o conhecimento e irá se tornar um profissional medíocre.

Sempre irá se colher o que plantou, não existe fórmula mágica.

O que eu quero dizer é que estudar somente, não te fará ser alguém na vida, você já é alguém, alguém que nunca estará pronto, mas com planejamento poderá escolher quem irá se tornar.

Você pode escolher ser o aluno bem-sucedido na prova, mesmo estudando somente às vésperas, isso comunicará com muito mais força quem "você é" do que de fato o "você diz" ou "faz". Por outro lado, poderá fazer a escolha de transformar sua realidade profissional, de desenvolver uma capacidade específica para contribuir com o que você tem de melhor.

Eu sou filha de professores públicos e na minha infância, acompanhei greves e lutas por valorização profissional e salarial, somado a isso, era uma época em que o Brasil vivia a hiperinflação, onde os preços de produtos e serviços subiam absurdamente e comprometia o poder de compra de todos. Nesse contexto, eu cresci sendo incentivada a "estudar para ser alguém" era "estudar para ganhar dinheiro" e ser professor, definitivamente, não era uma profissão que "dava dinheiro".

É comum que a família, por desejar a felicidade e o melhor para seus filhos, projete neles seus próprios sonhos e expectativas. Confesso que por vezes me senti condicionada a este estímulo familiar, fiz inscrição, estudei e participei de alguns processos seletivos, mesmo sem ter certeza do que eu queria.

A insegurança com o que poderia acontecer com a minha vida profissional muitas vezes tomava conta de mim, e se você já passou ou passa por isso, sabe que essa sensação é terrível. O que me deu energia e motivação para seguir em frente na busca pelos meus objetivos e sonhos foi o prazer de estudar algo que eu poderia colocar em prática. Com todos os novos aprendizados e conhecimentos que eu estava adquirindo com o Marketing, brotou em mim um sentimento de pertencimento, de coletividade, de contribuir com o desenvolvimento de outras pessoas e quiçá até transformar o mundo.

Comecei então a me preparar para uma nova fase, com muito planejamento, definir objetivos e metas, fui em busca de estudar autodesenvolvimento, liderança e empreendedorismo. E a forma que encontrei de colocar tudo isso em prática foi abrindo minha primeira empresa.

Eu queria ser agente de transformação e de desenvolvimento, em resumo, queria fazer acontecer. Comecei a prestar consultoria a outros empresários e me apaixonei pela forma como meu trabalho contribuía positivamente para suas equipes e seus clientes. Aos poucos, percebi que eu poderia ir além, poderia contribuir com a comunidade, com meu país e com as novas gerações. "Eureka! Isso é grandioso, é incrível. Finalmente encontrei o meu propósito".

Sentir satisfação ao realizar algo em que se acredita é um fator que impulsiona a dedicação total a essa finalidade, despertando uma paixão profissional e proporcionando energia para enfrentar desafios e adversidades. Quando gostamos daquilo que fazemos, quanto mais estivermos dispostos a enfrentar as dificuldades para fazer aquilo no qual acreditamos, maiores serão as chances de conquistar resultados positivos.

Imagine passar uma vida inteira fazendo algo pelas razões erradas ou só por que "dá dinheiro", por exemplo. Vale a pena acordar todo dia, sair de casa para fazer algo que detesta?

Foi nessa virada de mentalidade, com clareza de propósito, que voltei para a sala de aula. Tomada de muita satisfação, com um sentimento de utilidade e relevância, eu me sentia uma pessoa que realmente estava servindo ao mundo através do meu trabalho. O entusiasmo tomava conta de mim, eu estava oferecendo educação para pessoas que iriam iniciar suas carreiras ou retornar para o mercado de trabalho.

Fazer isso era algo que ia muito além da minha remuneração, realmente não tinha preço, era ter encontrado um verdadeiro sentido, experimentar a sensação de propósito daquele trabalho. Não era apenas dar aulas e formar profissionais, estava relacionado à formação humana.

Eu acredito firmemente que para você "ser alguém na vida" o mais importante é ter clareza de propósito, isso vai criar uma força de valor, melhorar a autoestima e a autoconfiança pessoal e profissional. Não é sobre o que queremos "ter" e sim sobre quem queremos "ser", é "o que" almejamos como projeto de vida.

Com esse espírito de "querer ser", a motivação se expande e seu sonho passa a ser de "se tornar o melhor" e "se tornar o maior". Não melhor e maior comparado aos outros, mas o melhor e maior que você puder com as condições que você possuir, naquele determinado momento.

E o incrível é que as mudanças seguem acontecendo, uma transformação de "dentro para fora", você não tolera mais ser sempre o mesmo, você segue estudando, buscando mais conhecimento, você entra em um estado de evolução contínua. Você se torna um obstinado em buscar sua melhor versão.

Isso aconteceu comigo, desejei expandir ainda mais a minha contribuição com o mundo. O limite da sala de aula, atender 30 alunos por turma, era pouco. Percebi que mais uma transformação profissional estava por vir! Passei então a coordenar uma equipe de vários professores e mais uma vez, a minha motivação aumentou, agora seriam trinta alunos multiplicados pelo número de professores com os quais eu trabalhava.

A oportunidade de liderar uma equipe de pessoas altamente qualificadas foi uma oportunidade e tanto, por outro lado um tremendo desafio, já que algumas pessoas não tinham o mesmo propósito que eu. Essa realidade precisava ser transformada, eu não entendia como alguns professores não percebiam o seu papel no mundo, como eles não percebiam que eram líderes de transformação na vida de outras pessoas?

Uma inquietude estava tomando conta de mim, eu queria expandir minha paixão para as pessoas que estavam a minha volta. Meu desejo era estar associada a quem acreditasse na minha causa de contribuição com o desenvolvimento da humanidade.

Um novo recomeço, com o mesmo propósito no coração! Dessa vez, eu iria criar minha própria escola, contratar profissionais que tivessem conexão e comprometimento com a missão de proporcionar o desenvolvimento humano, só que agora, na primeira infância.

O primeiro passo foi definir o propósito da instituição, onde iríamos chegar e quais os valores iriam guiar o comportamento de cada membro dessa equipe. O segundo passo: treinar essas pessoas e contribuir para o seu desenvolvimento. Influenciar a visão de cada docente, para que eles entendessem que, todos os dias, ao sair de suas casas para trabalhar nessa instituição estariam contribuindo com a transformação do mundo através do cuidado e educação das crianças, foi o terceiro passo.

Cada pessoa possui um talento único para o grupo, mas de nada valerá seu trabalho se não houver a cooperação e o espírito de equipe. É um conceito importante e que gera engajamento, conexão e senso de propósito com o resultado que desejamos alcançar.

Gustavo Borges, medalhista olímpico, sugere que estarmos cercados de "boas pessoas" ajuda a transformar a nossa realidade. Nos esportes em grupo, somos acostumados a ver um técnico passando instruções, os jogadores combinando jogadas e comemorando com abraços os pontos ganhos, porém em esportes individuais como a natação, não é tão evidente que por traz do atleta há uma equipe.

Se hoje você se sente solitário na sua caminhada, se suas decisões nem sempre são compreendidas, se você até sente uma vontade de desistir quando as adversidades se apresentam no seu caminho, cerque-se de pessoas que poderão transformar a sua realidade profissional. Procure estar com outros profissionais que vivem cenários e desafios semelhantes aos seus, pessoas que possam te apoiar. Procure um lugar onde você irá se identificar com um sentimento de pertencimento, irá se sentir amparado e fortalecido.

Para transformar a sua realidade profissional, tenha seu propósito de vida muito claro e não queira fazer tudo sozinho. A influência de boas pessoas permite que você adquira novos conhecimentos e desenvolva habilidades, com isso, você ganha e o mundo ganhará mais ainda, através de você e da sua transformação.

As referências bibliográficas deste capítulo estão no Anexo, localizado no final do livro.

Só tem algo que não é possível: a colheita sem a semeadura!

Kelem Lima

LANGE RIAL

Olá! Sou Lange Rial, pedagoga, especialista em arte, educação & terapia e atualmente faço MBA em Gestão de Projetos pela USP. Sou criadora e produtora na marca Pedagogia Brincante e atualmente trabalho como professora de Arte e Robótica na rede privada de ensino.

Dedico-me também à formação de professores e ao desenvolvimento de projetos educacionais. Minha paixão pela Educação Infantil começou desde muito pequena e por isso acredito que o aprendizado deve ser lúdico, brincante e repleto de significado para as crianças.

Busquei me reinventar no digital e descobri que inspirar e ajudar outros professores também é meu combustível e missão de vida.

Acompanhe o meu trabalho nas redes. Ficarei feliz em te ver por lá!

@pedagogia.brincante

Blog https://pedagogiabrincante.com.br/blog/

+55 11 94947-9811

13 UM OLHAR EMPREENDEDOR NA EDUCAÇÃO

Por Lange Rial

Todos nós almejamos reconhecimento e a tão sonhada valorização em nosso trabalho. Desejamos inspirar pessoas, transformar vidas e tudo isso é um verdadeiro tesouro. No entanto, existe uma linha muito tênue entre o "querer" e o "fazer acontecer".

Neste capítulo, vamos mergulhar juntos em algo crucial: o seu olhar empreendedor. Isso envolve também a descoberta do seu propósito, algo que não está ligado apenas à sua carreira profissional, mas também à sua vida. Já parou alguns minutos da sua corrida rotina para refletir no que, de fato, o motiva? Você se sente estimulado com o que faz? Já teve vontade de fazer algo a mais e mudar a rota? Se alguma dessas perguntas o causou algum incômodo diante da zona em que você se encontra, seja de conforto ou desconforto, que bom! Este capítulo é para você. Siga em frente, pois a hora de encarrilhar o seu novo eu, chegou!

Mantenha a mente e o coração abertos e dê boas-vindas para seu real propósito, pois ele acaba de começar.

O poder do sonho na carreira docente: descobrindo e realizando o propósito

Muito provavelmente você já conhece alguém que tenha o próprio negócio, certo? Mas sabia que isso não o designa como um empreendedor? Não se trata apenas de abrir um CNPJ, é preciso entender que essa definição está associada a uma atitude.

De acordo com os dicionários e no sentido literal da palavra, empreender é *transformar, tomar decisões, assumir riscos e correr atrás*. Trata-se de uma postura que o faz enxergar além dos muros. É criar valor.

No mundo atual, a palavra empreender ganhou muita relevância no universo dos negócios. Engenheiros empreendem, economistas empreendem, confeiteiros empreendem, mas por que não ouvimos falar em professores que empreendem? É simples: não nos ensinaram a empreender e ampliar a nossa atuação.

A pergunta que não posso silenciar neste caso é a seguinte: como você realmente se enxerga dentro da sua área e para onde pretende chegar?

Lembre-se, tudo começa a partir de um sonho. E nós, professores, não só podemos sonhar, como podemos e somos capazes de realizar.

De brincadeira à profissão: superando obstáculos

Com o caos da pandemia, muitas instituições de ensino fecharam suas portas, forçando uma adaptação à distância, onde muitos alunos tiveram dificuldades de acesso aos recursos necessários. Eu, por outro lado, encontrei-me em uma situação difícil, desempregada no último ano da minha licenciatura. Mas, como diz o ditado, "há males que vêm para o bem", e a minha demissão do meu cargo administrativo acabou me abrindo novas possibilidades.

Minha história e paixão pela educação começam desde muito pequena. Minha família sempre foi (e continua sendo) a minha maior ponte de incentivo. Meu pai costumava me contar histórias e estudar comigo. Me recordo de passarmos horas lendo poesias e até mesmo rascunhando e brincando com as palavras. Esses momentos se tornaram memórias agradáveis e que me ensinaram lições valiosas. Minha brincadeira favorita quando criança era fácil: escolinha! Adorava reunir as crianças da minha rua e fingir que a garagem da minha casa era uma sala de aula. Gostava de quando me chamavam de "tia Lange" ou "prô Lange" e adorava ensinar tudo o que sabia (ou pelo menos achava que sabia).

Tive uma infância gostosa e simples no extremo sul da Bahia, daquelas de brincar na chuva, subir em árvores e arrancar frutas do pé. Meu repertório de brincadeiras era extenso, brincava de tudo quanto é coisa: ciranda, pique-esconde, queimada, peteca, boneca e tantas outras mais. Tive a sorte de ser presenteada por todas essas oportunidades que toda criança deveria receber. Talvez seja por isso também que valorizo tanto o "brincar" como importante ferramenta pedagógica. Criei memórias felizes, tive bons professores (outros nem tanto) mas, os que fizeram a diferença em minha vida me servem de inspiração até os dias de hoje e lembro de todos com muita admiração. Quando me perguntavam o que eu queria ser quando crescesse, não hesitava na resposta: "PROFESSORA!", respondia orgulhosa com todas as letras!

Do RH à Pedagogia: a trajetória de uma professora empreendedora

Ao concluir o Ensino Médio, percorri uma longa jornada que me levaria a estudar Recursos Humanos e trabalhar alguns bons anos com Administração e Gestão de Pessoas. Eu seguia fortemente ligada à área da educação, uma vez que, paralelamente ao RH, também atuava com projetos educacionais filantrópicos e a própria vida foi se encarregando de me colocar no centro do meu propósito. Precisei olhar para dentro de mim e fazer essa descoberta, que no fundo, eu já sabia bem. Era necessário mudar a rota e me jogar de vez na Pedagogia. Paraquedas? Não tinha. Mesmo assim, me joguei.

O papel do professor empreendedor na transformação da realidade educacional

Os professores empreendedores devem ter em mente a importância de serem agentes de mudança, capazes de transformar a realidade em que vivem por meio de suas ações. O ano era 2020 e finalmente havia alcançado o meu último ano de faculdade. Até então, seguia na modalidade presencial, mas pouco depois, essa realidade mudaria drasticamente com a chegada do Covid-19 no Brasil e também do inesperado desemprego. Mas lembra do que eu disse nas páginas anteriores? "Eu não fazia ideia, mas o momento do meu desligamento me abriria um leque de possibilidades". Precisei transformar a minha realidade da qual estava inserida e reinventar-me em meio ao caos. E assim iniciei o primeiro passo.

Coloquei uma placa divulgando meu trabalho com reforço escolar em frente à garagem da casa da minha mãe e, em questão de dias, a campainha começou a tocar. Esse foi um período de muita procura, pois, com as aulas remotas, muitas crianças tiveram dificuldades com aquele novo cenário. Enxerguei naquele contexto uma oportunidade de empreender. Na primeira semana, iniciei o trabalho com poucas crianças e, pouco depois, já estava com um bom número de alunos de diferentes faixas etárias. O trabalho era desafiador e, ao mesmo tempo, prazeroso. Eu mesma elaborava minhas atividades, jogos lúdicos e outros recursos, aprofundei-me na metodologia Pedagogia Brincante, (que pouco tempo depois viria a tornar-se o nome da minha empresa). Uma prática muito defendida e abordada por grandes pensadores da educação e ensino lúdico como Piaget, Lev Vygotsky e Paulo Freire.

Com esses estudos, fui aperfeiçoando minha prática e aprimorando meus conhecimentos acerca do processo de aprendizagem da criança, buscando uma construção de ensino mais lúdica e significativa. Sentia-me feliz, afinal, estava trabalhando em algo novo e que vinha dando certo, porém, havia um empecilho: não conseguia pagar todas as minhas contas e esse era um problema. A essa altura, eu também estava procurando por estágio, já havia feito algumas entrevistas e aguardava resposta. Certa vez, enquanto guardava meus materiais após mais uma aula de reforço, minha mãe se aproximou e me disse o seguinte: “Lange, por que você não compartilha suas ideias de atividades nas redes sociais”? Achei incabível. Não me sentia capacitada e também não me via naquele lugar. Eu mal sabia mexer em minhas redes sociais, quanto mais mostrar meu trabalho através delas. “Sem chance”, eu dizia.

Da placa na garagem à influência nas redes sociais

Já pensou em quantas pessoas você pode ajudar com aquilo que há de mais precioso em você? Sim, me refiro ao seu conhecimento. Quando compartilhamos algo, estamos oferecendo uma parte do que temos ou sabemos para outras pessoas, seja uma ideia, uma experiência ou um recurso material. Eu acredito que compartilhar saberes é uma forma de ajudar outras pessoas e contribuir para a sociedade. Tomei coragem e criei um perfil profissional na internet, onde pude compartilhar minhas ideias e alcançar milhões de pessoas.

Hoje, atuo como professora de Arte e Robótica e continuo em minha jornada empreendedora, produzindo infoprodutos e liderando uma comunidade de professores. Conquistei boas parcerias, lancei minha loja digital e o clube de assinatura, que conta com um número de clientes cadastrados que superou minhas expectativas. Agora, estou muito feliz por ser uma das autoras deste livro. Quero inspirar outros professores a seguirem seus sonhos e acreditarem em si mesmos, assim como eu acreditei.

É possível empreender sem “abandonar” a sala de aula? A resposta é sim, mas essa decisão é muito pessoal e cada professor deve entender sua realidade e considerar o que é melhor para si. Às vezes me pego imaginando como teria sido se eu não tivesse começado. Foi preciso ter muita coragem, vontade e, acima de tudo, fé no processo. Eu precisei acreditar em mim mesma quando muitas pessoas desacreditaram, porque quando estamos iniciando um sonho ou um objetivo, é difícil encontrar o apoio que esperamos. Foi um desafio, mas não podia desistir sem ao menos tentar. Para ser sincera, sempre gostei de buscar coisas novas e sou motivada por desafios. Em todas as vezes em que as oportunidades surgiram, por menores que fossem, busquei ver o potencial em cada uma delas, decidindo tentar. Afinal, coisas boas acontecem, mas tudo depende da nossa atitude.

Do sonho à realidade: você também é capaz

Espero que minha história possa servir de inspiração para outros professores que, assim como eu, têm sonhos e objetivos para além da sala de aula. Quero incentivar você a não ter medo de empreender e de compartilhar seus conhecimentos com o mundo. Acredite em si mesmo e busque oportunidades para expandir suas habilidades e competências. Lembrem-se de que tudo começa com um primeiro passo, e que mesmo diante das dificuldades, é possível alcançar grandes conquistas.

Nunca deixe de tentar, pois a vida é uma jornada cheia de desafios e oportunidades. Seja corajoso, perseverante e saiba que o mundo precisa do seu talento e da sua contribuição para criar um futuro melhor. Juntos podemos transformar a educação e torná-la mais acessível e significativa para todos. O caminho pode não ser fácil, mas a recompensa é imensurável. Vamos empreender, compartilhar e inspirar!

Tudo começa a partir de um sonho. E nós, professores, não só podemos sonhar, como podemos e somos capazes de realizar.

Lange Rial

LUANA ARAUJO

Tenho uma grande paixão pela Educação. Com mais de 14 anos de experiência, sou formada em Pedagogia e especialista em Alfabetização. Há 7 anos, adotei a abordagem Montessoriana e, desde então, venho trabalhando nessa área.

Além disso, sou autora do livro didático "Gênios Emocionais", para alunos do 6º ano e crio conteúdo para redes sociais com foco na temática de Educação Socioemocional, buscando ajudar pais e professores a desenvolverem habilidades socioemocionais importantes.

Nos últimos 6 anos, me dedico ao autoconhecimento, o que tem transformado minha prática em sala de aula e me dado uma nova perspectiva sobre a educação e a vida.

É com base nessa jornada que pretendo compartilhar minha experiência com vocês neste capítulo.

@profluana.araujo

profluana.araujo@gmail.com

+55 (11) 96774-8012

14 EMOÇÕES SAUDÁVEIS, COMPORTAMENTOS COERENTES

Por Luana Araujo

Assim que terminei o meu estágio, lá em 2010, atuando como auxiliar de sala em um dos 10 melhores colégios de São Paulo, finalmente eu assumi uma sala de aula como professora. E o que era pra ser motivo de felicidade, foi absoluta decepção. Escolas pequenas, particulares e com a mentalidade absolutamente fechada e tradicional. Por mais que, recém-formada, tentasse apresentar propostas diferentes, era podada.

O sonho de colocar em prática as teorias que haviam me encantado na faculdade, foi esvaindo-se uma a uma e a frustração foi só aumentando. Era frequente que trocasse de escola a cada semestre, buscando o casamento perfeito entre a expectativa de uma sala de aula eficiente e feliz com uma escola que tivesse essa meta. Encontrei, fui muito bem acolhida na Escola de Educação Infantil da Débora Carmona, no Ipiranga. Então veio a motivação de fazer a pós-graduação em Alfabetização e Letramento e assim, aprendi a compreender e estimular a aprendizagem de forma efetiva.

Alguns anos depois, fui convidada a ser professora de uma escola Montessoriana, da Ivana Ubeda, onde meu mundo caiu de forma muito positiva. Não havia livros, os alunos não tinham provas, o professor não dava aula, mas mediava a aprendizagem em uma sala de aula absolutamente preparada para tal. Eu fiquei ENCANTADA! E ali me estabeleci por anos.

Paralelamente, mergulhei no processo de autoconhecimento, onde aprendi bases fundamentais para a compreensão da vida e isso não estava fora da minha sala de aula. Ouvi de meus professores **Kaw Yin e Yan Yin** a seguinte frase, durante uma palestra: *"A aprendizagem só acontece longe do medo e por meio da demonstração"*. Essa frase ecoou por meses na minha mente, já que todo o sistema de ensino que conhecemos é baseado no medo: medo de não tirar a nota, de não corresponder às expectativas dos pais. Os professores com medo de não cumprirem a apostila, que seus alunos não aprendam, de serem demitidos, se submetendo muitas vezes à práticas que são inversas aos seus princípios pedagógicos.

Foi então que entrei na fase de observação e em contato com a pergunta: *O que estou demonstrando agora?* E muito além do conteúdo que estava entregando, seja em aula, na confecção de materiais, nos planejamentos; havia uma sensação em mim, que é demonstrada diante dos alunos. Quer ver só um exemplo? Você topa fazer uma dinâmica comigo agora?

Quero que você se aquiete e pense em uma professora sua, quanto mais antiga melhor. O que você se lembra dela? Pense bem, não se demore. O que vem primeiro na sua mente? A lousa? O conteúdo? O que ela ensinava? Ou você se lembrou de alguma situação, das sensações que você tinha quando estava com ela? Sejam sensações saudáveis ou não tão saudáveis assim. A maioria das pessoas se lembram muito mais das sensações do que o conteúdo em si.

A primeira vez que fiz essa dinâmica, foi em uma das aulas do curso "*A Verdade Presencial*", da qual sou aluna desde 2017; e, logicamente, eu lembrei das sensações que tinha quando a professora da 1ª série desenhava uma letra gigante na lousa e me pedia para segurar o "pingo do i" nas pontas dos pés, com o braço esticado. Isso porque nunca fui uma boa copista.

Foi neste momento de auto-observação que recebi o convite da Andressa Novaes para dar aulas em um grande colégio, gerenciado por sua família, na Zona Leste de São Paulo. A aula que eu daria seria: Educação Socioemocional. Prontamente aceitei e assumi 27 turmas de Educação Infantil e Fundamental I, utilizando um método que estimulava a Inteligência Emocional nos educandos.

O método em questão nos dava toda a base e treinamento, além do material ser muito bem sistematizado para que o contato dos estudantes com suas emoções fosse bem explorado. Porém, comecei a perceber que os alunos pediam algo além do conteúdo da apostila, em várias situações. Uma aluna de 7 anos relatou em sala de aula que foi a primeira a encontrar o corpo de seu pai, após um infarto. Minha postura ali era entregar o que eu havia me proposto: emoções saudáveis. Foi então que, em meio às lágrimas da aluna, eu comecei a fazer perguntas sobre o relacionamento dela com o pai. Busquei naquela hora abrir uma "Janela Light" que, segundo o Autor Augusto Cury, são áreas que definem a maneira como vemos, reagimos e interpretamos o mundo.

"As janelas light também estão ligadas às nossas emoções, essa janela da memória nos remete a sentimentos e emoções positivas como a alegria, o entusiasmo, a perseverança, generosidade, felicidade etc., pois aqui estão arquivadas as nossas conquistas, nossas paixões, as experiências positivas, enfim, as nossas melhores vivências estão armazenadas nesta janela."

E após as perguntas, ela foi nos contando seus melhores momentos com o papai. Sua sensação mudou, ela se acalmou e, juntas, pudemos chegar à conclusão de que ela poderia sempre pensar em seu pai com amor e gratidão por tudo que viveram e assim ele receberia esse amor.

Na reunião, a mãe fez um depoimento contando quanto sua filha mudou e ao invés de sofrer, era agora ela quem consolava a família em relação ao ocorrido.

Meses depois, perdi a minha única avó, da qual tinha uma relação muito próxima. E voltando ao título deste capítulo, poderia eu ter uma atitude incoerente àquela que ensinei a minha aluna? Poderia demonstrar algo diferente do que foi compartilhado? Só poderia se eu estivesse mentindo! Lidei com a morte da minha avó exatamente da mesma maneira que compartilhei com aquela aluna. Todos os meus quase 400 alunos acompanharam este meu processo e muito foi aprendido por eles também.

Esta aluna só aprendeu porque algo lhe foi **compartilhado**, não apenas ensinado. O que fez efeito não foi o que ela ouviu e sim, a sensação.

Sabe quando a criança pergunta para a mãe que está chorando, se está tudo bem? A mãe, na melhor das intenções, diz que sim; ela está ensinando que aquilo que está sentindo é o "tudo bem".

Precisamos manter a coerência entre nossas emoções e o nosso comportamento. Se eu tivesse descoberto no início da minha jornada pedagógica que ensino o que sinto e não o que falo, certamente teria cuidado muito mais do que penso.

Jane Nelsen, autora de livros sobre Educação Positiva diz: *"As crianças fazem melhor quando se sentem melhores."* Reconhecida a importância da demonstração, já que o ser humano é um animal que imita – e imita não só atitudes, mas a sensação interna – como nós, professores, poderemos nos portar diante de uma sala de aula?

Primeiramente: cuide do que você sente.

Em seus dias, nas horas em que você está ali, diante de olhos e corações atentos, enquanto você prepara sua aula, e principalmente nas interações com seus estudantes.

Cuide do que você pensa.

Nossos pensamentos e sensações estão muito conectados, portanto, cuidar do que se pensa é cuidar do que se sente. Faça práticas de relaxamento, meditação ou algo que lhe traga prazer e alegria. Não permita que sua mente fique ocupada apenas com pensamentos não saudáveis.

Mantenha-se atento ao que você sente.

Não fomos treinados e habilitados a reconhecer as sensações, fomos ensinados a escondê-las. Você só poderá ajudar se souber reconhecer suas próprias sensações. Para esse treino, recomendo o e-book "Como hackear a sua mente", dos autores Kaw Yin e Yan Yin. Ele traz exercícios práticos para compreender seus pensamentos e sensações. Se conheça!

Não esconda ou finja suas emoções.

Se assim o fizer, seus comportamentos estarão incoerentes e certamente quem estiver ao seu redor, perceberá um estranhamento. Alinhar pensamento, sensação e atitude é o mais honesto a ser feito diante de alguém e de você mesmo.

Busque ter emoções saudáveis.

Em seus relacionamentos pessoais, de trabalho, familiares e assim você se manterá abastecido para compartilhar comportamentos coerentes com essa sensação já conquistada por você.

Traga isso para a consciência.

Treine, um dia de cada vez e se em algum dia você perceber que compartilhou emoções não saudáveis, está tudo bem! Não se culpe por isso, você também está ensinando como superar dificuldades.

Realinhe seu propósito!

Lembre-se do dia em que você decidiu ser professor. Ninguém escolhe essa profissão por outro motivo que não seja ajudar as pessoas, as crianças, ou mesmo a sociedade, já que sabemos que a Educação é ferramenta para curá-la. Se sentir medo, de qualquer tipo, seja de perder o emprego, seja de não corresponder às expectativas depositadas sobre você, ou por outro motivo, pare! Dê um passo para trás, reveja a situação e permita-se entrar na próxima cena sem medo. Já que **no medo não há aprendizagem**.

Como essas atitudes me tornaram uma professora melhor?

Levei um certo "susto" quando notei que não gritava mais em sala de aula, que não tinha mais medo de entrar em alguma turma ou de encontrar um certo aluno, quando não precisava disputar a atenção dos alunos nas aulas; quando minhas coordenadoras entravam em minha sala de supetão, eu continuava tranquilamente minha aula sem me sentir desconfortável.

Até aí já estaria ótimo, mas quando comecei a receber *feedbacks* dos próprios alunos, pedindo mais da aula, expressando um carinho intenso e colocando em prática nossas conversas e bases. Cheguei a receber muitas cartas, bilhetes, gráficos que mostravam "o quanto eu me gostava antes e depois da aula de Inteligência Emocional", de uma criança de 8 anos. Depoimentos de crianças que praticaram gratidão, perdão, compreenderam melhor os pais e compartilharam lágrimas de alegria em nossas aulas.

Me dispus a oferecer essa prática, mas, mesmo que sua aula não fale desse assunto, você pode ter comportamentos coerentes com suas sensações saudáveis e inevitavelmente você estará ensinando isso.

Hoje, voltei à escola Montessoriana e estou implantando a educação socioemocional desde a Educação infantil até os anos finais do Ensino Fundamental. Além de, na mesma escola, dar aulas de teatro, leitura e Língua Portuguesa e em todas elas, entregar essa postura.

Por que contei tanto das minhas experiências pra você? Para que você saiba que É POSSÍVEL ter uma sala de aula feliz, sem medo e ensinar muito Além da Lousa.

Seu aluno aprende mais com o que você sente do que com o que você diz.

Luana Araujo

LUCIANA AQUINO

Especialista em Desenvolvimento Socioemocional e Comportamental, *master KidCoach*, certificada pelo ICIJ, consultora educacional pelo IPC. Palestrante, escritora, representante do programa Além da Lousa.

Voluntária em ações com crianças em situação de vulnerabilidade social na comunidade Cidade de Deus, no Rio de Janeiro e voluntária em Instituições Socioeducacionais e Culturais para questões da Cidadania.

Ativista pelos Direitos dos Animais, atuante em campanhas de orientação pelo fim do abandono, castração e maus tratos aos animais e pela preservação do planeta.

@lucianaaquino_

Luciana Aquino KidCoach

+55 (21) 98168-6221

15 SUA MISSÃO E PROPÓSITO

Por Luciana Aquino

Inicio esse capítulo com o coração repleto de gratidão e amor!

Que meu primeiro agradecimento seja para Deus, por todas as bênçãos em minha vida!

Em 2018, quando me vi desligada da empresa em que trabalhava há quase 10 anos- para ser mais exata, foram 9 anos e 7 meses-senti medo, desespero e insegurança no primeiro momento por diversas questões, mas em seguida, pensei que poderia trabalhar em outra empresa do mesmo segmento, seria cômodo e menos trabalhoso e já tinha indicação de colegas de trabalho que poderiam me auxiliar encaminhando meu currículo para outras empresas. Mas, dentro de meu coração, algo me dizia que era o momento de tomar coragem e colocar em prática a minha missão, viver o meu propósito de vida! Antes de seguir, quero compartilhar uma breve explicação sobre missão e propósito:

Missão é a nossa razão de ser, o papel que exercemos no mundo. Minha missão de vida, por exemplo, é ser mãe do Felipe, que acredito cumprir com êxito essa missão pessoal, como também transformar vidas, atuar no desenvolvimento de crianças, famílias e escolas através do meu trabalho, conscientizar as pessoas sobre cuidados com os animais e a natureza.

Propósito é a razão pela qual faço isso, a intenção de realizar ações positivas, ver as pessoas felizes e o impacto que isso causa no mundo.

Missão é aquilo que fazemos de concreto, as ações que realizamos e propósito é o porquê fazemos! Todos somos capazes de realizar ações positivas para a transformação do mundo em um lugar melhor! Toda mudança gera insegurança e medo e ao avaliar a situação, me dei conta de que faltavam ferramentas para que eu pudesse trabalhar com o que sempre sonhei, vivenciar a minha missão, que é ajudar pessoas.

Uma amiga me emprestou o livro *O Milagre da Manhã*, de Hal Elrod e era exatamente o que eu precisava naquele momento para organizar os pensamentos, ter clareza e assumir o compromisso de gerar mudanças na minha vida, em todas as áreas!

Iniciei uma pesquisa sobre formações e conheci o Método CoRE KidCoaching, que foi criado por Marcia Belmiro, psicóloga e *master coach*. O método continha tudo o que eu buscava para atuar com crianças, famílias e escolas. Fiz contato com o instituto que dava a formação, o universo conspirou ao meu favor e fui trabalhar no instituto como consultora comercial e 5 meses após a contratação, em outubro de 2019, fiz a formação que era exatamente o que eu buscava e aquela sensação do coração batendo feliz, era clara e contagiante dentro de mim, pois eu sentia que estava no caminho certo, que chegaria ao meu objetivo. Minha missão estava se concretizando, eu tinha adquirido as ferramentas necessárias e eficazes para TRANSFORMAR O MUNDO EM UM LUGAR MELHOR, através das pessoas que eu desenvolveria com o meu trabalho!

Direcionei os meus primeiros atendimentos para famílias que eu já ajudava nos trabalhos sociais e foi um grande aprendizado, uma grande alegria ver as mudanças que estavam ocorrendo nas crianças e nos pais, eram relatos incríveis, que até hoje me emocionam ao relembrar.

Além dos atendimentos, passei a realizar palestras para as famílias, a cada atendimento, a troca com as pessoas me mantinha conectada com aquele novo momento e a cada dia era como se eu subisse um degrau rumo ao sucesso e realização pessoal que sempre sonhei!

A gratidão por tudo que estava vivendo era constante, a mudança de comportamento me direcionava a avançar com foco, metas sendo traçadas e realizadas, muito estudo, leitura e ações pontuais me levavam a melhorar dia após dia.

Me movimentar com objetividade, vivendo o presente, aplicando o conhecimento que estava adquirindo, me impulsionavam a não colocar limites nos meus sonhos, planos e projetos, estar em movimento dentro das áreas que escolhi atuar me energizavam e inspiravam a crescer mais e mais!

Com a pandemia, o medo do desconhecido se instalou no mundo...seguimos para o *home office*, eu continuava trabalhando no instituto e atuava como *KidCoach* nos finais de semana. O trabalho não parou, pelo contrário, aumentou; iniciei a faculdade de Psicologia, pois as famílias precisavam cada vez mais de apoio, as escolas também e uma nova realidade surgiu.

Passado o período de *lockdown*, as pessoas voltaram às suas atividades e a uma aparente normalidade, foi um período para reaprendermos a viver. No ano seguinte, 2021, fui desligada do trabalho no instituto e iniciei o desafio de atuar na Educação, havia iniciado a supervisão escolar em setembro, com o objetivo de auxiliar na mudança do cenário pós pandemia nas escolas, desenvolvendo projetos, trabalhando com os educadores, para que a conexão entre professor e aluno elevasse a qualidade do ensino nas instituições.

Em dezembro do mesmo ano, consegui dar o primeiro passo para um propósito maior, estava agendada a minha primeira capacitação em uma escola. A gestora conhecia o meu trabalho e essa parceria se mantém até os dias de hoje, através de capacitações para os professores, palestras para os pais, rumo ao alcance de resultados valorosos para todos. Esse olhar para as escolas é um diferencial na jornada dos envolvidos, em fração de segundos é possível sentir os profissionais leves, sorrindo, felizes e dispostos a se entregarem a algo novo e transformador em suas vidas profissionais, pois eles têm a oportunidade de falar sobre seus dias, as dificuldades, as alegrias...é uma troca maravilhosa de conhecimentos e vivências.

Os trabalhos seguintes foram por indicação, contribuíram para a divulgação do meu trabalho abrindo novas portas; era tudo novo, mas tive o compromisso e direção para atendimentos objetivos com as escolas, entendendo as necessidades de cada Instituição.

Esses primeiros passos ativaram em meu coração a alegria de estar trabalhando com o que eu amo de verdade, a resposta sempre esteve dentro de mim, era apenas uma questão de tempo, de sintonizar o pensamento com o sentimento e partir para a ação.

O medo poderia ter me paralisado e virado uma grande desculpa para eu não sair da zona de conforto, mas eu escolhi avançar, construir a minha história de crescimento e sucesso. Enfrentei meus medos, respirei fundo e fui, mesmo com os desafios e obstáculos que encontrei pelo caminho, batalhei duro para superar dia após dia, determinada a caminhar para alcançar meu propósito de vida!

Com o passar do tempo, entendo que o universo tem infinitas possibilidades para mim! As realizações trazem motivação para ir além!

"Pessoas de sucesso não nascem assim. Elas se tornam bem-sucedidas estabelecendo o hábito de fazer coisas que pessoas sem sucesso não gostam de fazer." Hal Elrod, O Milagre da manhã.

O Milagre da Manhã é um método transformador, desenvolvido por Hal Elrod, que propõe uma rotina matinal inédita para mudar sua vida. O autor dá dicas para que cada pessoa possa alcançar o sucesso que sempre quis, com base em benefícios que vão ajudar o leitor a atingir o potencial ilimitado que existe em cada um de nós. Nesse livro, o autor fala sobre os benefícios transformadores dos "Salvadores de Vida" para acelerar o desenvolvimento pessoal. Mas o que são os Salvadores de Vida?

São 6 práticas que vão poupá-lo de uma vida de potencial não atingido. Os salvadores de vida são ferramentas de desenvolvimento pessoal, são eles:

1. Silêncio/meditação
2. Afirmações
3. Visualização
4. Exercícios
5. Leitura
6. Escrita

Essas ferramentas nos ajudam a melhorar os resultados da vida pessoal e profissional, o método nos mostra a importância de uma rotina matinal que traz benefícios quando praticada, como propõe o autor. Eu acredito que é possível alcançar resultados através dessa prática, pois foi através da realização diária dos "Salvadores de vida" que encontrei o caminho para viver o meu propósito de vida, cumprindo a minha missão!

Vi muitas pessoas falando sobre as transformações que tiveram, após praticarem o Milagre da Manhã diariamente, houve uma mudança de atitude e de cenário em suas vidas, por esse motivo eu acredito que é possível construir uma trajetória de sucesso com disciplina e comprometimento diários. Afinal, quem não sabe aonde quer chegar, qualquer caminho serve, mas quando se tem clareza de onde se quer chegar e do que deseja realizar, se compromete com o processo que levará a seguir pelo caminho certo!

Essa prática fez toda a diferença em minha vida e hoje, ao revisar tudo que escrevi no início de minha transformação, percebo o quanto cresci e evoluí durante o processo.

Eu sempre soube que a minha missão era transformar vidas e me conectei com o meu propósito quando me comprometi em praticar aquilo que sempre sonhei, mas pensava ser algo distante, ou até mesmo seguir da maneira que fazia antes, exercendo minha missão de forma paralela ao meu trabalho formal. Encontrar o meu propósito e poder cumprir a minha missão é algo maravilhoso, me sinto realizada, sei que ainda estou caminhando, alguns projetos são a longo prazo, mas acredito que estou no caminho certo, pois meu coração bate feliz todas as manhãs quando acordo e sei que as minhas ações contribuem para um mundo melhor e mais justo!

Te convido a refletir sobre sua missão e propósito!

– Qual o motivo te faz acordar todas as manhãs?

– Qual a sensação você tem ao acordar todos os dias?

– Pense no que faz seu coração bater feliz, o que dá sentido à vida?

– Quais ações te mostram que você está no caminho certo?

– Hoje, quais ações comprovam o seu nível de comprometimento com sua missão e propósito?

Após responder essas perguntas, defina qual é a sua missão e o seu propósito e como você pode contribuir para a construção de um mundo melhor. Mesmo que você já os conheça e esteja praticando, faça essa reflexão, será uma forma de se reconectar com eles.

Gostaria de agradecer aos professores que tive ao longo da vida, que fizeram a diferença ao se comprometerem com sua missão e propósito de serem profissionais "Além da Lousa" e assim construir uma vida de sucesso e realizações só depende de você!

As referências bibliográficas deste capítulo estão no Anexo, localizado no final do livro.

"Todos somos capazes de realizar ações positivas para a transformação do mundo em um lugar melhor!"

Luciana Aquino

LUCIELENE ANDRÉ

Sou Lucielene Aparecida André, 58 anos, filha de Benilda e Aristides. Tive uma feliz infância na roça, às margens do rio Paranapanema, desfrutando de toda beleza da natureza.

Tenho a graça de ter quatro irmãos, Roberval, Paulo, Aristeu e Talita, e de ser mãe de Alex e Aline e sogra de Loana e Diego.

Apaixonada por educação e desenvolvimento humano, sou graduada em Pedagogia e pós-graduada em Planejamento e Gestão de Organizações. Atuo hoje como palestrante, orientadora parental, consultora para escolas e empresas, por Plenitude Desenvolvimento Humano, ICIJ, Amar e Acolher e Instituto Paula Camilo.

Meu propósito é conectar e transformar gerações.

@lucieleneandre

semeiaideias@gmail.com

+55 (14) 99774-2414

16 SE IMAGINE ALÉM DA LOUSA

Por Lucielene André

O título "Se imagine além da lousa", em um primeiro momento, pode levar à percepção de ser um capítulo cheio de romantismo sobre a educação. Embora quase todo professor seja, no mínimo, "um pouco romântico", não, não é sobre romantizar, e sim, sobre contemporizar a educação!

A cada segundo o mundo se transforma e com isso, nos deparamos com novos desafios em sala de aula, especialmente com o uso indiscriminado de tecnologia ou na contramão, alunos que não tem acesso ao básico desses mesmos recursos.

Ir "além da lousa" significa contemporizar a educação explorando formas de ensinar e aprender que vão além de métodos tradicionais, envolvendo abordagens e estratégias que façam sentido, desafiando e motivando nossas crianças e jovens que são bombardeados, diariamente, com novas informações utilizando ao nosso favor as novidades apresentadas, sem deixar de lado a essência natural do ser humano e o contato com o simples, com a Natureza.

Quando iniciei minha carreira, no início dos anos 90, me deparei com uma turma de alunos com idades de 3 a 6 anos que ficavam na escola em período integral (algo raro na época) sendo que eu fiquei responsável pelo período contrário, ou seja, eles ficavam em turmas diferentes em um período e depois vinham pra mim todos juntos para banho, almoço, descanso e atividades diversas, até o momento de irem para casa.

Confesso que foi um susto e um desafio grande no início, os recursos eram escassos e os alunos carentes o que, certamente, é ainda bastante comum. Porém, me dispus a dar o meu melhor e fazer a diferença em prol daquelas crianças, agregando conhecimento, valores e prazer para todos.

De início, me inspirei na minha primeira professora, "Dona Mariinha", era assim que a chamávamos. Ela nos levava para além da sala de aula, íamos para os pomares da fazenda colher frutas, sentíamos os cheiros, sabores, texturas e cores. Classificávamos por tamanho, espécie, contávamos, somávamos e dividíamos... Esse é apenas um exemplo de muitas outras aulas prazerosas que ela ministrava, isso na década de 70!

Cheguei à conclusão de que "Dona Mariinha" pode ser considerada uma professora atemporal!

Minha segunda inspiração foi uma colega professora que se transformou em uma grande amiga, com ela tive aprendizados que levo para vida!

E por fim, me deparei com uma diretora acolhedora, que me orientava e ao mesmo tempo embarcava nas minhas ideias "fora da caixinha".

Como disse antes, os recursos eram escassos, especialmente os tecnológicos. Então, muitas vezes, eu saía com os alunos, obviamente acompanhados de uma apoiadora e andávamos alguns quilômetros para chegarmos até a casa da minha mãe e assistir um filme no antigo "videocassete", com a intenção de utilizar o conteúdo posteriormente em sala de aula, e, também, de incluir aqueles alunos no mundo tecnológico.

Durante o caminho, aproveitava para apreciarmos os detalhes da Natureza e colher materiais que utilizávamos em nossas atividades depois. Permaneci naquela escola apenas por 3 anos, mas guardei em meu coração tudo que vivi, todo amor que recebi e todo aprendizado que tive lá.

Passei por outra mais um ano, onde também aprendi muito e depois, fui para aquela onde ficaria até a minha aposentadoria, que aconteceu em 2019. A escola estava sendo inaugurada, então, a primeira equipe se formou junta. Nessa escola, além de professora, eu tive a honra de dirigi-la por 8 anos intercalados.

Os anos foram passando e, repentinamente, embora mudanças contínuas sejam esperadas, parece que o mundo acelerou a velocidade. No entanto, observa-se que a Educação em geral sempre teve dificuldade em acompanhar essas mudanças. Acredito que a resistência pelo novo nunca foi somente dos docentes, mas também das famílias.

Professores inovadores enfrentam desde sempre a oposição e críticas até de alguns gestores e próprios colegas de trabalho, bem como dos pais, acostumados com um sistema que acreditam ser o melhor para os filhos.

Cada vez que você tira o aluno de uma fileira de carteiras com uma lousa à frente ou do espaço escolar, uma grande maioria imagina que é apenas um momento de relaxamento ou um passeio para "premiar" os alunos. Não imaginam o quão produtivo e educativo podem ser momentos que não sejam aqueles nas "carteiras enfileiradas", dentro de uma sala.

Portanto, para ser um professor "além da lousa", é necessário ir muito além do aluno, passar (convencer) toda a equipe escolar e chegar, especialmente, na família.

Estando eu em sala de aula ou na direção, buscava ter com a comunidade escolar um relacionamento de muita conexão e respeito, promovendo ações para criação de vínculos entre todos.

Com o apoio da equipe, a aproximação com os pais iniciou com as apresentações de alunos e, posteriormente, com a participação direta de muitos deles em nossos projetos, inclusive como atores de nossas peças teatrais, um dos grandes marcos da escola na época. A participação deles nas ações levava ao pertencimento formando forte vínculo entre família e escola, "além do aluno". Com essa conexão, os pais colaboravam nos projetos executados dentro ou fora da sala de aula.

Esse relato que compartilho é apenas parte das atitudes que tomávamos para chegarmos a um relacionamento de excelência com as famílias, iniciativas minhas enquanto gestora, e de uma equipe que se formou junta, e foi contaminando todos que chegavam depois.

Enquanto professora, também sempre busquei trazer as famílias para dentro dos meus projetos, no que sempre tive êxito. Além disso, os projetos, as aulas "além da lousa" deixavam tudo mais leve e me proporcionavam um prazer enorme na arte de ensinar.

Me vem à mente especialmente um projeto que desenvolvi sobre educar para preservar o nosso ambiente. Um aluno citou em uma das aulas que a "catadora de reciclável" do bairro era muito importante. Foi um momento de surpresa e alegria pra mim, então, combinei com eles que a traria para escola, o que foi feito. Ela se emocionou muito com o carinho que foi recepcionada pelos alunos, despidos de quaisquer preconceitos no acolhimento.

O projeto teve a participação dos pais, de lojistas, de uma escola de beleza e do viveiro municipal, que cedeu mudas de árvores. Teve também a interação de todas as turmas, inclusive de uma professora que trabalhou um outro projeto de artes com culminância no mesmo dia.

Como o tema era transformação, busquei parceria para reformar o carrinho que a catadora utilizava para trabalhar, pois estava bem danificado. Junto aos lojistas, consegui roupas e calçados, a escola de beleza disponibilizou no dia a arrumação dos cabelos, unhas e maquiagem para ela.

No dia marcado, fechamos a rua em frente à escola, cobrimos o carrinho reformado e cheio de mudas (estilo "lata velha") e quando todos estavam presentes, fizemos a entrega. Foi um dos momentos mais emocionantes da minha carreira, levarei para sempre a sensação que tive nesse dia, ao ver estampado no rosto daquela mulher a alegria e certeza de que era pertencente e aceita por todos daquela comunidade!

Com esses relatos, não tenho a pretensão de dizer que sou ou que somos melhores ou perfeitos, e sim, de contagiar e inspirar.

É obvio que no decorrer da carreira enfrentei grandes desafios, momentos de frustração, de desesperança, de raiva e de tristeza, porém, sempre busquei me reconectar com minha missão para encontrar as forças necessárias e seguir cumprindo meu propósito de vida. Quero deixar claro também, que todas minhas ações fora da escola eram feitas com autorização, nos horários de atividades extraclasse.

O interessante é que nos últimos anos em sala, ao contrário do início, minha preocupação agora era de levá-los à experiências que superassem a necessidade de estarem o tempo todo no mundo digital e, paralelamente, suprir a urgência de me atualizar e acompanhar esse mundo completamente acelerado que se desenhava para mim.

Faço aqui um parêntese para dizer que não sou contra a evolução tecnológica, pelo contrário, aproveitei muito nos meus planejamentos e nas minhas aulas "além da lousa". No entanto, precisamos nos atentar que as crianças e jovens a dominam, e devemos aproveitar para criarmos conexão com eles buscando entender, principalmente, as novas formas de comunicação. Precisamos parar de enxergar tudo como "mimimi" e olhar verdadeiramente para essa geração que o autor Hugo Monteiro Ferreira chamou de "geração do quarto", em seu livro de mesmo nome. Precisamos entender que o quarto e um smartphone nas mãos, é para eles o que era a rua para os jovens das gerações anteriores.

Ir além da lousa carrega a ideia de olharmos para nossos alunos muito além do aprendizado em sala de aula, carrega a possibilidade de ambientes e recursos que busquem aflorar o entusiasmo, a motivação e as habilidades de cada um, respeitando as individualidades. Carrega a necessidade de resgate de missão, propósito e valores para que possamos, muitas vezes, ajudá-los a criarem os deles.

Não podemos esquecer que sempre teremos alunos que só serão vistos, só se sentirão pertencentes, só serão acolhidos na escola, pelo professor. E eu te pergunto: qual legado você quer deixar? Quais histórias quer que seu aluno conte sobre você?

Eu poderia aqui contar várias histórias de aulas que realizei "além da lousa", mas não é essa a intenção, não vim aqui dar receitas, afinal, somos seres únicos no nosso DNA e na nossa história.

Na realidade, a minha pretensão é que você se olhe primeiro com amorosidade, se auto-observando, se curando onde for necessário, se reconectando com sua missão e com seu propósito, para depois olhar para esse seu aluno contemporâneo, seus anseios, suas ideias, suas habilidades.

Eu desejo que você seja para todos os alunos que passarem por sua sala o que a "Dona Mariinha" foi e sempre será para mim, uma linda memória de uma professora que não media esforços para motivar e ensinar, cumprindo lindamente sua missão!

E para isso, eu te convido:

Se imagine, mas se imagine mesmo, e ouse ir muito além da lousa!

"Pois ser mestre é isso: ensinar a felicidade."
Rubem Alves

As referências bibliográficas deste capítulo estão no Anexo, localizado no final do livro.

Não é sobre romantizar e sim, sobre contemporizar a educação!

Lucielene André

MAIANA OLIVEIRA

Olá! Me chamo Maiana e vim contar um pouquinho da minha história na educação para você, leitor. Sou pedagoga especialista em Educação Infantil e Anos Iniciais e também psicopedagoga clínica e institucional.

Sou de São Joaquim/SC, mais conhecida como "a terra da neve". Sou professora pela rede municipal de ensino e também pela rede estadual, atuando como psicopedagoga no Espaço Superação.

Minha inspiração sempre foi minha mãe, professora há mais de 20 anos, que me ensinou a amar a Educação, assim como ela. Quer me conhecer melhor? Me acompanhe nas redes sociais:

@psicopedagogamaiana | @mah_po029

maya.oliveira66@gmail.com

+55 (49) 99162-9845| +55 (49) 99126-9003

17 EDUCADOR MÃO NA MASSA

Por Maiana Oliveira

Sabemos que os educadores saem da faculdade com pouco embasamento prático, ficando perdidos na hora da atuação em sala e comigo não foi diferente, minha primeira experiência em sala de aula foi ainda na primeira fase da faculdade de Pedagogia, na aplicação de um projeto nas escolas, em contrapartida à minha bolsa de estudos. Foi neste primeiro contato com a turma que encontrei a minha vocação, "foi a melhor aula da minha vida", saí da escola pensando que finalmente havia encontrado o meu lugar, então, algum tempo depois, assumi a minha primeira turma e os desafios começaram a aparecer. Como eu poderia ensinar uma geração que está sendo estimulada constantemente pela tecnologia? Como prender a atenção destes alunos que tem todas as informações na mão?

As angústias começaram a aparecer e a busca por uma dinâmica de trabalho diferenciada começou a surgir.

Vivemos hoje uma realidade educacional que necessita inovar, implementar de fato as tecnologias na escola, não apenas de forma passiva, mas complementando o desenvolvimento integral do aluno, tendo em vista sua grande importância nos dias atuais. Neste sentido, o educador tem papel fundamental neste processo, sendo agente transformador, responsável por oferecer um ensino de qualidade, voltado à realidade dos alunos e assim, ressignificando suas práticas pedagógicas para acompanhar o contexto atual; utilizando ferramentas tecnológicas quando disponíveis, mas certamente buscando instrumentos alternativos como os de criação própria para inovação das aulas.

E foi nesta perspectiva de novas ações que descobri uma nova paixão, a criação de projetos para aplicação pedagógica, que tomou força com a observação diária dos alunos e o estudo das suas diferentes formas de aprendizagem, onde reafirmei a tese que a interdisciplinaridade sobre um determinado tema tem o resultado muito positivo na aquisição do conhecimento, como afirma (SANTOS; JUNIOR, 2018), destacando as diferentes áreas que a interdisciplinaridade pode desenvolver no educando, como o desenvolvimento expressivo do conhecimento, o estímulo de habilidades para adversidades do dia a dia, a autoconfiança e também o aprendizado prazeroso, reforçando a importância do papel do educador neste processo, sendo um dos principais mediadores.

A aplicação de projetos me proporcionou experiências únicas, com resultados excelentes de assimilação de conteúdos por parte dos discentes, me instigando a criar os meus próprios projetos, que de início eram apenas pedagógicos e depois passaram a ser também sociais, cada iniciativa deixa um legado especial na vida das pessoas envolvidas. Para mim, não existe recompensa maior que mudar a realidade das pessoas, que muitas vezes vivem em situações de extrema necessidade, principalmente das crianças e adolescentes, afastando-as das ruas e mostrando um caminho mais seguro e feliz.

Sendo assim, escolhi um dos meus projetos preferidos para compartilhar com você. Este projeto tem como tema um assunto muito discutido no ambiente escolar, a Higiene, onde realizei uma pesquisa bem ampla sobre o tema, busquei saber sua conceituação, a história da higiene no Brasil, quais hábitos saudáveis precisamos utilizar no nosso dia a dia e o aprofundamento nos que julguei mais importantes, como a higiene bucal. Depois de estudar o assunto, iniciei o planejamento das aulas com a criação do meu amigo Jorge, nome que a minha filha deu ao boneco. Imaginei que precisaria ser algo grande, que pudesse chamar a atenção das crianças, mas que estivesse envolvido nas atividades diárias sobre o tema e não só um objeto inanimado e sem graça.

Ele precisaria ter o tamanho de uma pessoa, mas ainda assim ser diferente, então pedi para o meu pai construir uma armação quadrada de madeira com uma prateleira, com restos de madeira que tínhamos em casa. Ficou incrível e a criatividade da professora começou a entrar em ação: cobri o rosto do boneco com EVAs beges e a cabeça com papelão, que depois foi coberto por papeis crepons amarelos e nos fios foram colocados piolhos impressos para representar. Com olhos grandes, nariz sujo, uma boca aberta cheia de dentes cariados, uma língua com muitas bactérias, orelhas bem grandes e sujas também. Para o corpo, minha avó costurou uma camisa e uma calça cheia de microrganismos (que imprimi para colar pelo corpo), os braços foram mangas de uma camisa cheias de feltro e as mãos eram luvas com unhas bem grandes e sujas com tinta, feitas de copos descartáveis. Assim surgiu o Jorge, que foi apresentado às crianças como um amigo que estava doente e precisava de ajuda para aprender hábitos de higiene.

Os alunos ficaram deslumbrados com a chegada do boneco se mostrando muito curiosos em tocar e ver seus detalhes. Logo observaram seus microrganismos, piolhos e cáries, surgindo assim muitos questionamentos sobre o assunto e uma conversa muito produtiva sobre os hábitos diários de higiene para não ficarmos doentes. Em meio a esse papo, todos os alunos puderam tocar e ver o nosso amigo de perto.

Embarcamos assim na missão cuidar do amigo Jorge, e o nosso primeiro assunto foi o piolho. Aprendemos como nos prevenir e ensinamos o personagem a se livrar deles; durante a explicação, surgiram muitas histórias engraçadas e as crianças compartilharam os seus conhecimentos com os colegas, para então, finalmente, a parte mais esperada da aula, a remoção dos piolhos, onde todos os alunos muito animados participaram.

Em um outro momento, levei para sala de aula uma escova e uma pasta gigante, que produzi em EVA, para iniciarmos a conversa sobre saúde bucal. Um material simples, mas que encantou os alunos de forma a ouvir atentamente as explicações. Utilizei a pasta e a escova para ensinarmos ao Jorge a forma correta de escovar os dentes e então os convidei para removerem as cáries e bactérias da boca e língua, as sujeiras do meio dos dentes com o fio dental, feito de linha de tricô. Cada educando removeu um pouco para que todos contribuíssem com o bem-estar do personagem. Neste dia, trabalhamos exclusivamente a saúde bucal com diversas atividades, inclusive a observação no espelho. A cada dia, os alunos se mostravam mais interessados com o tema e curiosos para ver o nosso amigo livre de todas as enfermidades. A higiene constantemente era assunto fora da sala de aula, inclusive nas aulas de outras disciplinas, mostrando que o recurso realmente estava dando resultados positivos na assimilação da temática.

Agora o Jorge já estava livre dos piolhos e cáries, mas ainda não sabia a importância de tomar banho todos os dias; de forma bem lúdica e divertida, trabalhamos a dinâmica "banho de papel", sendo muito bem executada pelos alunos que adoraram ensinar o nosso amigo a tomar banho de forma correta. Para complementar, visualizamos os microrganismos no microscópio, reforçando que não conseguimos vê-los a olho nu e que os microrganismos presentes no boneco eram apenas representativos. Posteriormente, os discentes retiraram o restante das sujeiras do corpo do Jorge, cortando as unhas que estavam muito compridas e sujas. Segundo eles, o nosso amigo ficou muito bonito e feliz, todos os abraçaram e comemoraram.

A participação do Jorge enriqueceu as aulas e trouxe o interesse e a participação dos alunos, o planejamento foi realizado de forma interdisciplinar dentro do nível da turma, contemplando todas as disciplinas; mas além do boneco, realizamos muitas outras atividades diferenciadas, como o passeio no quarteirão da escola para observar o saneamento básico, o jogo de trilha sobre o tema, montagem de um cartaz com produtos de higiene pessoal, assistimos um vídeo sobre higiene realizando a interpretação, visualizamos os dentes no espelho e realizamos a contagem dos permanentes e os de leite, a contagem da história da higiene no Brasil com o avental gigante e a interpretação das imagens, pintamos as mãos com tinta guache para que eles aprendessem a forma correta de lavar as mãos, dentre muitas outras atividades impressas e no caderno.

Estes alunos jamais esquecerão o que o Jorge ensinou a eles, por isso venho encorajar os educadores a inovarem suas dinâmicas e realmente fazerem a diferença no campo educacional, tão defasado de profissionais comprometidos. O personagem é uma das muitas ferramentas que podemos utilizar na atuação em sala, mas espero que assim como eu, vocês acreditem no potencial da Educação e não deixem de prosperar; cada profissão carrega uma missão e os profissionais da Educação tem um dos papeis mais importantes da sociedade, moldar mentes, contribuindo para o futuro de uma nova geração.

Por este motivo, sou defensora da formação continuada, tendo em vista que a junção de métodos tradicionais com os novos métodos tem resultados surpreendentes. Desta forma, o professor precisa se manter atualizado e buscando sempre melhorar a sua atuação, assim sendo, busquei me especializar em Psicopedagogia Clínica e

Institucional, com o intuito de ajudar crianças com problemas de aprendizagem dentro das instituições de ensino, vendo a necessidade de um atendimento especializado, que infelizmente as escolas ainda não oferecem às famílias, que acabam desamparadas e pela falta de informação desacreditam da necessidade de atendimento dos filhos.

Foi assim que realizei o sonho de criar um ambiente de aprendizagem clínico individualizado, o Espaço Superação, o qual me orgulho muito, onde faço a investigação de síndromes e *déficits* com métodos específicos, desvendando a forma que cada aluno tem mais facilidade de aprender, lugar que vem mudando histórias e me faz cumprir o meu papel como educadora na sociedade.

As referências bibliográficas deste capítulo estão no Anexo, localizado no final do livro.

“É necessário encorajar educadores a acreditarem no potencial da Educação.”

Maiana Oliveira

MARTA ESTEVES

Sou a professora Marta Esteves, com experiência docente e de gestão em Educação e quase 40 anos de profissão. Sou pedagoga, palestrante, assessora pedagógica com mestrado em Educação e currículo pela PUC São Paulo.

Nos últimos anos, atuei como Secretária de Educação do meu município e pude aprofundar meu olhar quanto a necessidade de que as nossas crianças tenham contato com a natureza, bem como os sérios problemas trazidos pelo excesso de telas a que elas estão expostas, configurando-se como um "problema de saúde pública", principalmente após a pandemia do novo Coronavírus.

Saiba mais sobre esse assunto nas minhas redes sociais:

@professoramartaesteves

@professoramartaesteves

@professoramartaesteves

18 É POSSÍVEL TER AULAS TRANSFORMADORAS?

Por Marta Esteves

Imaginem o que significou a pandemia do novo Coronavírus na vida dos bebês, das crianças pequenas, crianças em fase de alfabetização e crianças autistas, desde o seu início, em março de 2020. Do dia para a noite, distante dos amigos, da escola, de alguns familiares e da natureza. Tantas mudanças repentinas provocaram um grande mal-estar nas crianças, mas, a ausência da natureza em suas vidas pode ter um impacto ainda maior, visto que ela antecede a pandemia e permanece, mesmo depois de ter diminuído consideravelmente.

Além do afastamento e total ausência de contato com a natureza, observamos um aumento expressivo do uso de telas digitais pelas crianças, especialmente o celular, causado não só pelo distanciamento social, mas também pela falta de tempo das famílias, o que tem provocado sérios riscos à saúde como obesidade, ansiedade, agressividade e outros problemas psicológicos. Entre outros fatores, o excesso de telas provoca uma "limitação" do uso dos sentidos: usam apenas a visão e audição, causando danos a olhos e ouvidos. Estão limitadas também a criatividade, sensibilidade, empatia, imaginação, interação e iniciativa, entre outros aspectos.

Quanto mais as telas estiverem presentes na vida das crianças, mais elas vão precisar do contato com a natureza; é preciso se "desconectar" cada vez que elas ficam algum tempo "conectadas". Não se trata de negar a tecnologia, como uma espécie de "tecnofobia". Ela tem nos levado a lugares e situações inimagináveis. Trata-se de defender o uso consciente, útil e na hora certa. Mas, infelizmente, temos visto nossas crianças dedicarem um tempo enorme e crescente às atividades digitais recreativas e sem conteúdo, em detrimento de atividades mais produtivas como interação familiar, social, brincadeiras ao ar livre, estudo, leitura e esportes. Horas perdidas...tempo roubado da infância.

E o que é pior: estão ficando muito prejudicadas intelectualmente. Segundo o francês Michel Desmurget, autor do livro "A fábrica de cretinos digitais", o excesso de telas é responsável por estarmos vendo, pela primeira vez na história, gerações de filhos menos inteligentes que os pais.

No entanto, nós, adultos, também estamos contribuindo para esse excesso de tempo de uso de telas digitais, pois a criança aprende muito pelo exemplo: se os pais ou a pessoa que cuida dela passam muito tempo no celular, ela vai seguir esse exemplo, por achar que isso é normal. Mas não é: o normal e correto para uma criança é interagir com a natureza, brincar ao ar livre, explorar o entorno, fazer descobertas, experimentos. Adultos precisam aproveitar todas as oportunidades para oferecer o contato com a natureza para as crianças da maneira que for possível, dependendo do contexto familiar e da cidade em que habitam.

Não é fácil tirar as crianças de frente das telas. Dá muito trabalho, principalmente depois da pandemia, em que elas foram "obrigadas" a ficar tanto tempo dentro de casa, sem interação alguma com a vida lá fora. Muitas estão "viciadas" em telas e não querem fazer outra atividade que não seja relacionada a esse uso indiscriminado. Entretanto, escolas e famílias, em parceria, devem prover esse "direito" da criança em conviver próximo à natureza, que pode ser curativo e terapêutico. Precisamos de tempo, esforço, disposição, redes de apoio, de vínculos afetivos com as crianças para que elas se sintam encorajadas a deixar as telas e viver a vida ao vivo.

Outra questão que temos visto é a "agenda" de muitas crianças tão cheia que, muitas vezes, não têm tempo nem de brincar. Brincar livremente na natureza? Menos tempo ainda...Vários estudos apontam que quanto menos tempo as crianças se dedicarem a brincadeiras livres na natureza, mais casos de TDAH, depressão e obesidade infantil as afetarão.

A psicóloga espanhola Heike Freire trata, em seu livro Educação Verde, Crianças Saudáveis, sobre a realidade das crianças criadas entre 4 paredes, somente com luz artificial, cercadas por telas e dispositivos eletrônicos, sem perceber as alterações climáticas, a beleza da mudança das estações e com as vidas totalmente guiadas e decididas por adultos, não dando a elas a autonomia e protagonismo tão necessários para se desenvolverem e crescerem de maneira saudável.

Muitas escolas de Educação Infantil e Ensino Fundamental, temo em dizer, a maioria delas, não tem espaços verdes e nem sequer janelas em alturas adequadas para que as crianças possam, ao menos, ver a luz do sol e tudo o que está ao redor da escola.

Percebemos, muitas vezes que, mesmo em escolas em que há recursos naturais disponíveis por perto, as crianças são impedidas de estarem ao ar livre, por medo ou comodidade dos adultos, ficando confinadas nos espaços pedagógicos internos, diariamente, por horas e horas.

Há alguns anos, uma propaganda de sabão em pó usava o *slogan*: "Se sujar faz bem". Nada mais apropriado para os dias de hoje, em que muitas crianças estão sendo criadas dentro de verdadeiras "bolhas de assepsia", segundo o pediatra Daniel Becker. Ele assegura que o fato de a criança estar em contato com a natureza reduz casos de depressão, ansiedade, aumenta os batimentos cardíacos e a expectativa de vida, melhora a qualidade do sono e da visão. "A Natureza não é suja nem perigosa. É um remédio sem efeitos colaterais", afirma Becker.

Diante desse quadro de excesso de tecnologia e de afastamento total da natureza, é possível ter aulas transformadoras? Sim! Possível e necessário. Vai depender da faixa etária e do segmento de ensino, mas há de se ter vontade política, investimento, além de um esforço coletivo de equipes escolares, principalmente professores, em parceria com as famílias, para que as escolas proporcionem atividades de conexão com a natureza, desde a creche, Educação Infantil até o Ensino Médio, quando adolescentes e jovens podem desenvolver todo o seu potencial de exploração dos ambientes, em busca de conhecimento.

Escolas precisam formar professores em serviço e ter espaços externos com possibilidades para que possam ministrar aulas transformadoras, aproximando as crianças da natureza. Formar hortas, jardins, gramados, ter barrancos, canteiros, pomares, árvores, troncos, obstáculos, animaizinhos, e o que mais for possível e que possa transformar as escolas em espaços naturais e agradáveis.

Aproveitar os espaços verdes em nossas cidades para promover essa integração também pode ser uma opção para as escolas que não tem condições de criá-los. Pracinhas, parques, ruas arborizadas ou até mesmo um quintal próximo à escola podem fazer esse papel. O mais importante é que o espaço externo natural seja considerado um local de aprendizagem e desenvolvimento da criança.

A natureza é acolhedora, instigante, desafiadora e fonte de experiências, conhecimentos e de infinitas possibilidades de entretenimento. A exploração de elementos encontrados na natureza como folhas, pedras, palhas, paus, gravetos, água, barro, terra, areia, frutos, sementes, plantas, galhos, tocos, raízes, grãos, entre outras possibilidades, favorecem o aprendizado significativo e integral de nossas crianças.

Os espaços externos naturais oportunizam o desenvolvimento do protagonismo infantil, pois as crianças estão mais livres para criar, imaginar, resolver conflitos, negociar, criar estratégias, estabelecer hipóteses, observar cenários, entre outros aspectos. As crianças desenvolvem autonomia, principalmente se os ambientes tiverem obstáculos, desníveis, desvios, árvores para subir, possibilitando transpor os seus limites, longe dos "cercadinhos" seguros como a maioria dos lugares em que as crianças convivem.

Geralmente, adultos temem que as crianças subam em árvores ou se aventurem na natureza. Porém, esse medo limita as possibilidades de descoberta e aprendizado e priva as crianças de experiências incríveis junto à natureza. A infância não pode ser prejudicada porque adultos tem verdadeiro "horror" ao risco. Escolas e famílias têm que avaliar possibilidades de acidentes em espaços abertos, mas o "medo" não pode agir em detrimento da liberdade da criança crescer e se desenvolver.

Interessante observar a felicidade das crianças "soltas" na natureza correndo, brincando, vivenciando sensações por meio do perfume das flores, sons dos pássaros, sabor e aroma de uma fruta apanhada no pé. No entanto, uma criança que NUNCA teve essa experiência, provavelmente não vai sentir falta disso.

De que maneira as crianças conhecem o mundo? Principalmente, por meio da vivência e da experimentação. Dessa forma, elas têm o direito de conhecer o mundo natural que as cerca, não apenas por meio de gravuras, vídeos ou fotografias, mas sim, "ao vivo", tendo contato direto com a natureza!

Há várias sugestões de atividades e brincadeiras para se fazer com as crianças ao ar livre. Mas...também é muito interessante que elas tenham tempo livre para criar as suas próprias brincadeiras e interações.

Como podemos oferecer Educação Ambiental sem nenhum contato com a natureza? Somente por meio de livros e imagens? A criança precisa estar em contato com a natureza sempre que possível, para aprender a respeitá-la e entender, desde cedo, a necessidade vital para a espécie humana de que ela precisa ser preservada!

Por fim, essa aproximação da criança com a natureza, tão necessária à sua saúde física, mental e intelectual, vai formando, desde a sua primeira infância, uma consciência ecológica e ambiental, tão importante para o desenvolvimento de um olhar atento à preservação do meio ambiente, que não pode mais ser um tema debatido somente em datas comemorativas, com ações pontuais de plantio de árvores ou outra atividade semelhante.

Preservação do meio ambiente é questão de sobrevivência humana e de perpetuação, ou não, da vida na terra. Episódios recentes de secas, queimadas, chuvas torrenciais, desmatamento desenfreado, calor e frio extremos, entre tantos outros, devem nos colocar em alerta: ou tornamos essa questão um ponto crucial de nossas vidas, de nossos alunos e de toda a sociedade, ou as consequências serão terríveis e irreversíveis.

As referências bibliográficas deste capítulo estão no Anexo, localizado no final do livro.

“Ou tornamos a preservação do meio ambiente um ponto crucial da vida de nossos alunos e de toda a sociedade, ou as consequências serão irreversíveis.”

Marta Esteves

MICHELLE RAMPASO

Sou Michelle, tenho 40 anos, natural de São Paulo/SP. Sempre grata a Deus, casada e apaixonada pelo meu marido André, mãe da Anni, uma adolescente que me ensina todos os dias a ser mãe e sou protetora da Lála e da Lilica, minhas cachorrinhas.

Fascinada pela família, amo ler e aprender, sempre estou estudando e fazendo novos cursos, e nos tempos livres, gosto de ficar em casa sem fazer nada com minha família.

Sou uma pessoa que gosta de fazer novas conexões, sempre com o intuito de alegrar e demonstrar confiança para as pessoas com as quais me relaciono.

Sou graduada em ciências biológicas e pedagogia, pós-graduada em Gestão Ambiental, Psicopedagogia, Neuropsicopedagogia, com curso em Educação Especial e Orientação Parental.

Te encontro nas minhas redes sociais:

@michellerampaso

+55 (19) 98315-3898

19 ENSINO DIVERTIDO, APRENDIZADO CONSOLIDADO

Por Michelle Rampaso

Nunca tive a intenção de ser professora, tinha um emprego tranquilo e morava em uma cidade no interior de São Paulo, porém, distante da capital. Na época, minha filha tinha 2 anos de idade. Meu marido trabalhava mais próximo a São Paulo e passava a semana em hotéis, só ia para casa aos finais de semana. Foi aí que, cansados de ficarmos separados e de não vivermos como uma família, resolvemos morar mais perto do trabalho dele. Como minha filha era muito pequena, nós não conhecíamos nada nem ninguém na região, então resolvi cuidar deles e do meu lar, uma coisa que não tinha feito desde que me casei.

Minha jornada como professora começou quando minha filha fez 6 anos e foi para o Ensino Fundamental I, naquele momento senti que era hora de voltar para o mercado de trabalho. Tenho uma amiga que, na época, era gerente de organização escolar em uma escola da rede estadual e me disse que sempre precisava de professores eventuais onde ela trabalhava. Na ocasião, eu recusei algumas vezes, afinal não era o que eu pretendia fazer, até que um dia resolvi aceitar o desafio e encarei uma aula eventual, contudo, não foi nada fácil, mas por algum motivo, não consegui parar. Terminei minha primeira faculdade de Ciências Biológicas, em 2005, só retornei para uma sala de aula em 2015, mas agora como professora.

Quando cheguei no primeiro dia de aula, fui animada, achando que os alunos iriam me dar atenção, mas eu disse "bom dia" e se meia dúzia respondeu, foi muito. Diversos deles continuaram olhando a tela do celular, enquanto uns dormiam e outros conversavam. Fiquei um pouco intrigada e segui com a aula.

Iniciei com o conteúdo na lousa, em seguida, prossegui com as explicações da mesma forma como eu havia visto meus professores fazendo durante a minha vida acadêmica, todavia, a sala se manteve nessa pegada, sem qualquer entusiasmo e sem prestar atenção no que eu ensinava. Curiosa, conversei com alguns colegas que me disseram que os alunos são assim agora, "muitas vezes, indiferentes com as aulas".

Mas eu não me conformei com essa situação e de certa forma queria trazê-los para mim, queria que aprendessem. Então resolvi que precisava entrar no mundo deles para ter essa atenção, trouxe para a sala de aula a "TECNOLOGIA". Minhas aulas passaram a ser feitas com vídeos e *slides* interativos, onde eu mostrava o conteúdo e explicava ao mesmo tempo, mas, imagina só, sucesso negado outra vez.

Eu só tinha transferido o conteúdo da lousa para o projetor, ou seja, eles não precisariam mais nem copiar e ficariam mais tempo livres para continuar como estavam. Me decepcionei outra vez, mas com a cabeça tomada por pensamentos sobre isso, eu buscava uma solução para fazer com que as aulas fossem mais interativas. Precisava dar um jeito naquela situação, pois para mim era inadmissível que eles não estivessem aprendendo e fingir que estava tudo bem, de forma alguma.

Estava começando a entender que os alunos não eram mais como antes, onde os professores chegavam, passavam seus conteúdos, explicavam e pronto. Nós ficávamos sempre quietos, sentados, era um ou outro que bagunçava na aula, mas que de imediato já se resolvia. Para as provas, decorávamos a matéria caso não tivéssemos aprendido.

Fui em busca de livros, apostilas, metodologias ativas que me ajudassem com essa questão, afinal, tinha muito interesse e disposição para ajudá-los. Estava um pouco bloqueada ainda, porém, com a ajuda dos materiais de pesquisa eu já estava começando a criar estratégias para um novo recomeço.

Em uma aula de Ciências do 6° ano, onde eu iria explicar a interação do Sistema Nervoso com o Sistema Locomotor, comecei com meus lindos *slides* de esqueletos e cérebros, que por sinal, eram para chamar a atenção deles, fui para a sala com o Chico (o esqueleto) mostrando e falando que o sistema locomotor é composto por dois sistemas sendo um esquelético e outro muscular, que juntos sustentam o nosso corpo e que o sistema nervoso é formado por estruturas como o cérebro e nervos, que enviam impulsos elétricos, para promover movimentos a outros órgãos.

Parece fácil, né? Percebi que alunos estavam totalmente focados no esqueleto e não entenderam uma palavra do que havia falado. Parei por um minuto e disse em um tom áspero e alto: "Todos em pé!". Eles me olharam um pouco assustados, mas fizeram o que eu solicitei e então eu comecei: "Vivo! Morto! Vivo! Morto! Morto! Vivo!". Rapidamente, eles faziam o que era solicitado para não saírem da brincadeira.

Quando restou um vencedor, pedi que todos se sentassem e comecei a explicação: "Vocês sabem por que quando iniciei a brincadeira todos sabiam o que era para ser feito e como tinha quer ser feito?" A maioria disse que era porque conhecia a brincadeira. E foi assim que expliquei que o cérebro dá o comando, o corpo recebe a informação (os impulsos) e começa a obedecer. Foi meu primeiro avanço, os alunos adoraram, entenderam e foram muito bem nas atividades propostas, a ponto de quererem gravar um vídeo para uma rede social, onde todos nós estávamos agachados com a luz do celular acesa e fomos nos levantando e nos balançando junto com o esqueleto (o Chico), mostrando mais uma vez a interação do sistema esquelético com o muscular.

Porém, foi só uma aula, eu tinha que pensar em novos desafios, ou melhor, fazer o meu sistema nervoso enviar impulsos elétricos para os meus neurônios e começar a planejar novas ideias e, assim, pensar em mais aulas divertidas. Senti-me feliz, confortável e realizada com o sucesso que obtive, logo as coisas começaram a se movimentar a meu favor. Depois disso, vieram vários conteúdos e séries diferentes, claro, para eu sair de vez da minha zona de conforto e preparar aulas interativas.

Com os alunos 7° ano, tem um conteúdo que se chama Máquinas Simples - discutir a aplicação das máquinas simples e propor soluções e invenções para a realização de tarefas mecânicas e cotidianas. Um pouco complicado explicar isso para eles, não é?

Resumindo, esse conteúdo explica que o homem teve várias necessidades ao longo de sua história e muitas dependiam de esforço físico. Uma dessas situações foi percorrer longas distâncias a pé em busca de obter seus alimentos, o que era um desafio imenso em meio à natureza, devido a tantos predadores. Sem ter que realizar tanto esforço e pensar na sua sobrevivência, começaram a surgir as primeiras máquinas simples para ajudar o homem, que conseguiriam resolver problemas como uma pedra impedindo a passagem para uma caverna, por exemplo. Como trabalhei isso? Pegamos os cadernos, fomos para área externa da escola onde tem alguns lugares amplos com gramas, nos sentamos todos no chão e solicitei que eles desenhassem algo que seria divertido, útil e sustentável para a escola situar naquele lugar. Os estudantes tiveram tantas ideias bacanas e ficaram tão empolgados, que queriam apresentar à direção, para que os projetos saíssem do papel e pudessem ganhar vida.

No novo Ensino Médio, com aulas de itinerários formativos, eu leciono a disciplina de Biodiversidade e Qualidade de Vida para a turma do 3° ano. Gosto de trabalhar com o meio ambiente e houve um momento em que eles estudaram sobre ODS (Objetivo de Desenvolvimento Sustentável), que é uma agenda mundial composta por 17 objetivos e 169 metas a serem atingidos até 2030.

Algumas das ações previstas falam sobre erradicação da pobreza, saúde, educação, igualdade de gênero, água e saneamento, padrões sustentáveis de produção e de consumo, mudança do clima, cidades sustentáveis, proteção e uso sustentável dos oceanos e dos ecossistemas terrestres, entre outros.

Bom, eles tinham que ler e entender, para depois, em uma roda de conversa, comentar sobre o assunto. Eu resolvi ir um pouco além. Tendo em vista que a apostila solicitava que eles fizessem apenas isso, resolvi convidá-los a escreverem uma carta para a direção da escola. Nessa carta, eles solicitariam o que poderia melhorar na escola, tornando-a mais verde e consequentemente mais sustentável. Assim, estariam promovendo uma melhor qualidade de vida para todos da comunidade escolar.

Eles se prontificaram a ajudar com as melhorias sugeridas, que eram: biodigestores, irrigador automático, árvores frutíferas, lixeiras com identificação, separação e venda de materiais recicláveis (e com isso, arrecadar verbas para o colégio) e até um pergolado feito com madeira de demolição, no meio do gramado, para os estudantes relaxarem após o almoço, o projeto ficou incrível.

Não parei por aí, teve a guerra de lama quando fomos tirar os matos que cercavam a horta, um momento em que os alunos tiveram contato com a terra. Eu achei que os pais iriam ficar furiosos comigo, razão pela qual mandei mensagem para todos os estudantes que estavam nesse episódio, para ver se chegaram bem em casa, pois se tivessem problema, eu iria me explicar e pedir desculpas para os familiares. Mas, na verdade, o que me surpreendeu foi a quantidade de pais que riram daquela situação e até lembraram das brincadeiras deles na infância.

Também teve o passeio em Águas de São Pedro/SP, para estudo do meio, referente ao Dia Mundial da Água, com palestra no Balneário das Águas (SPA), visita ao Fontanário, ao Centro Histórico, um passeio de bicicleta pela cidade estimulando a qualidade de vida e bem-estar dos estudantes e trilha na mata nativa. Vê-los correndo mata adentro, imitando animais e sorrindo, foram experiências que os estudantes puderam vivenciar e que marcam minha vida. Porque tirar os adolescentes das redes sociais, mostrar que a leitura nos leva a viajar e acreditar que viver o presente é maravilhoso são objetivos que eu quero alcançar.

"A questão não é qual será o futuro dos livros em um mundo de leitura digital. A questão é o que acontecerá com os leitores que éramos."

(Verlyn Klinkenborg)

Essas foram algumas das aulas que eu quis compartilhar, como eu disse no início, não foi fácil e ainda não é. Sempre estou planejando e torcendo para que no final das aulas meu objetivo seja alcançado, que é fazer com que eles entendam, pois todo esse esforço é PARA QUE ELES APRENDAM.

Espero que minhas práticas possam ter ajudado! Descreva em uma folha se com essa leitura você teve inspiração para uma aula divertida.

"Tirar os jovens das redes sociais, mostrar que a leitura nos faz viajar e acreditar que viver o presente é maravilhoso são objetivos que eu quero alcançar."

Michelle Rampaso

MIRES OLIVEIRA

Sou Mires Oliveira, psicopedagoga e neuropsicopedagoga clínica, especialista em Alfabetização e Letramento, Psicomotricidade, terapeuta ABA e mestranda em Educação. Proprietária do Consultório Detalhe, localizado em Guarulhos/SP.

Ofereço atendimento psicopedagógico, alfabetização clínica e acompanhamento pedagógico, promovendo o desenvolvimento do potencial de cada criança ao máximo, assim sendo aliada das famílias que buscam ajuda sobre os desafios que surgem neste processo fundamental para o conhecimento.

Sou uma empreendedora e agente transformadora, sendo referência para milhares de professores em minhas redes sociais, auxiliando os profissionais a vencerem suas barreiras e oferecendo recursos e ferramentas essenciais para seu dia a dia em sala de aula.

@psicopedagoga_mires

+55 (11) 95745-6624

20 EDUCADOR 360

Por Mires Oliveira

Educador 360, vou conceituar! Educador é o agente responsável por ensinar o indivíduo a questionar, ter senso crítico, dialogar, ter raciocínio lógico. Já a visão 360 é o olhar do profissional capaz de alinhar seus conhecimentos às necessidades essenciais dos aprendentes, não focando somente em conteúdo, grades e conteúdos formais. O Educador 360 é o profissional focado em desenvolver ao máximo o potencial do seu aprendente.

Partindo desta definição bem simplória, gostaria de te transportar pela minha jornada na educação. Isso mesmo, quero mostrar para você como eu saí de uma formação em Recursos Humanos e cheguei ao meu consultório de psicopedagogia.

Quando entrei no mercado de trabalho, bem cedo, aos 16 anos, minha primeira experiência foi em um escritório contábil. Logo fui direcionada a trabalhar na área de departamento pessoal, onde me vi obrigada a atualizar-me constantemente, levando em consideração todas as mudanças repentinas na legislação trabalhista e a abrangência dos serviços prestados pelas empresas que eu assessorava.

Neste momento, já muito nova, percebi o quão diferente era o clima organizacional de empresas que focam no desenvolvimento humano, oferecendo oficinas e promovendo treinamentos. Visualizando o impacto positivo que a educação realizava em empresas e na vida de seus colaboradores, logo despertou o meu interesse em fazer a diferença na vida dos que me cercam através da aprendizagem, embarcando em uma nova (e vasta) área de atuação. Sim, fui fisgada pela educação. Mas calma, não foi tão simples.

Iniciei em uma franquia de ensino individualizado, onde eu ocupava o cargo de gerência. Contudo, eu não estava satisfeita, comecei a observar as crianças e como fatores externos influenciavam diretamente em sua aprendizagem.

Em 2020, eu estava em uma nova fase da minha vida pessoal, onde me mudei do estado do Espírito Santo para São Paulo. Eu queria mudar a minha vida, enfrentar novos desafios, eu decidi sair da minha zona de conforto e buscar uma área que me permite-se ser uma agente de mudança na vida das crianças.

Nem sabia como começar e nunca tinha ouvido falar sobre psicopedagogia. Lembrando que eu era da área administrativa, formada em RH e especialista em controladoria e finanças. Querendo adentrar ao mercado rapidamente, busquei um curso de *coach* educacional, realizando-o com afinco e você pensa que já decolei? Puro engano. Esta formação não proporcionava o que eu almejava. Eu queria entender como individuo aprende, como ele absorve, decodifica e reproduz o que aprendeu.

Buscando por respostas, realizei várias pesquisas e, agora sim, fui de encontro com a psicopedagogia que foi somente a porta de entrada para os meus estudos nessa área.

O que eu gostaria de evidenciar a você, com o relato da minha trajetória, é que a criança, adolescente ou adulto que está sob sua responsabilidade para a educação formal, é muito mais do que um observador e reprodutor de conteúdos desconexos. Eu quero que você, que deseja sim, obter êxito na sua linda e árdua missão de educador, possa olhar suas crianças com uma visão ampliada, uma visão 360.

Imagino que o seu propósito aqui seja obter dicas e aprender ou melhorar sua atuação, tanto em sala de aula ou como professor particular. Eu não vou te decepcionar, mas não espere fórmulas e receitas. Vou lhe ajudar com minhas experiências, com os meus casos de sucesso e também com minhas frustações.

Estudando sobre Neurociência, conseguimos explicações aliadas ao nosso dia a dia como educadores e uma delas explica sobre como o cérebro é impactado diretamente pelo ambiente, e assim, nos condicionando a adotar estímulos que mais se adequam à realidade dos aprendentes. Sendo importante conhecer, no mínimo, alguns fatores importantes a serem estimulados no sistema nervoso. Eles são:

- **Plasticidade cerebral:** é a capacidade que o cérebro possui de se modificar de acordo com a necessidade, estímulo e ambiente.

- **Memória:** é ativada por circuito neurais baseada em associações. Quando este circuito é ativado, vai ativando o próximo automaticamente.

- **Atenção:** é ativada com o nosso interesse e aos estímulos que somos expostos.

É neste momento, caro educador, que listarei algumas dicas de como ativar e desenvolver estas habilidades. Lembrando que todo o seu planejamento deve estar baseado nas caraterísticas do seu grupo ou do seu aprendente, em atendimentos individuais.

O exercício mental é tão importante quanto a prática de atividades físicas. Dentre as diversas possibilidade de como estimular o cérebro, sugiro as atividades, tais como: a prática de leitura diária, jogos de tabuleiro, Tangram, aprender coisas novas, Sudoku, jogos da memória.

Com a quantidade elevada de informações que estamos recebendo atualmente e o uso desenfreado de telas pelas nossas crianças, estão ocorrendo podas neurais. Podal neural é a redução no número de neurônios e sinapses, assim afetando sua aprendizagem. Foi publicada uma pesquisa desenvolvida por Desmurget que é a primeira vez da história que o QI (quociente de inteligência) de crianças e adolescentes é menor do que a geração anterior. Demonstrando que nossas crianças são menos inteligentes que os pais.

Mas, não são somente os estímulos ambientais que proporcionam a não assimilação do conteúdo ensinado. Preciso reforçar que o ambiente familiar onde nosso aprendente está inserido impacta em seu desenvolvimento. Como educador, você pode orientar os responsáveis. A tríade educacional (família, aprendente e educador) é a base para uma aprendizagem moderna e efetiva. É a aprendizagem do futuro, no presente!

Tornar suas aulas atrativas, dinâmicas e em vivências ocasionam a ativação da memória dos seus alunos. Saia da zona de conforto, reduza a oferta de "folhinhas" e parta para a "mão na massa". Queremos adultos questionadores e formadores de ideias, não somente reprodutores de narrativas e pessoas sem senso crítico. Vamos libertar nossos alunos. Tudo bem, mas como?

Você já fez uma pesquisa com a sua turma perguntando se existe algum tema que eles desejam aprender? Se não, aproveite esta oportunidade, realize essa pesquisa em sua sala de aula e encontre um tema em comum. A partir deste tema, desenvolva um projeto seguindo as etapas abaixo:

- Contextualização ou investigação
- Chuva de ideias
- Divisão das tarefas e iniciar a execução
- Elaboração de um texto expositivo
- Pesquisa de campo (quando possível)
- Desenvolvimento de projeto tangível e em grupo
- Questionário realizado pelo aluno
- Aula invertida, onde o aluno ou grupo ensina o que aprendeu
- Documentação de todas as etapas do projeto

Agora chega mais perto, isso mesmo, pensa comigo. Do que adianta dominar métodos, ser um educador leitor feroz (não que não seja importante ler) e não saber se comunicar assertivamente com seus alunos? Você acredita que o aprendizado ocorre somente com o fato de que "você" domine o assunto? Como transmiti-lo com clareza? Espere um pouco, que irei te guiar por caminhos indispensáveis para uma comunicação eficaz.

Quando falamos sobre comunicação, já pensamos em pessoas que falam bem, nas palavras, no aspecto verbal, mas a comunicação vai muito além das palavras. Tenho certeza que você já deve ter tido a experiência de aprender uma matéria com um professor, odiá-la e no ano seguinte aprender com outro professor e amar a mesma disciplina. O educador 360 tem a capacidade de encantar seus alunos, transformando o conteúdo em algo prazeroso. Existem alguns elementos que vão além de saber o conteúdo, são eles: **empatia, congruência e assertividade**.

Iniciando pela empatia: é a capacidade de se colocar no lugar do próximo. Uma tarefa aparentemente simples, mas pode não ser tão fácil assim. É colocar-se no lugar da outra pessoa compreendendo o ponto de vista dela, de acordo com suas experiências de vida, suas habilidades e suas dificuldades. É compreender o modelo de vida da outra pessoa, é entender que o outro pode ter opiniões, comportamentos e sentimentos diferentes dos nossos, uma vez que teve experiências de vida distintas das nossas.

Trazendo a empatia para o dia a dia do educador, devemos lembrar que vários fatores influenciam a vida de um aprendiz (como a nossa) e que haverá dias que o indivíduo necessitará de sua escuta mais acurada, com um cuidado e atenção direcionados para os fatores que estão o afetando naquele momento. Somente após esta escuta verdadeira (sabe o famoso olho no olho?) você conseguirá que ele acompanhe o conteúdo planejado para o momento.

A congruência na educação é o estado de integridade e sinceridade em todos os aspectos da pessoa, sejam eles: palavras, corpo, ações, linguagem. Que se integram atingir um objetivo. Sabe-se que poucas vezes somos congruentes por completo, todavia, quando o conseguimos alcançar este estado, aumentamos as nossas chances de êxito naquilo que propomos.

É um resultado de vários elementos da comunicação que direcionam uma mesma mensagem. Um comunicador congruente é como um túnel muito bem sinalizado que nos transmite segurança do caminho certo.

Já a assertividade na comunicação envolve compreender que a linguagem tem o poder de provocar emoções, evocar imagens e sons. Reafirmando a importância de escolhermos as palavras corretas para nos comunicarmos.

Quando falamos "não pule", por exemplo, o cérebro evocará primeiro a imagem de "pular", para depois – se estiver atento – lembramos que não devemos pular.

Assertividade também pressupõem que compreendemos que a linguagem pode até parecer clara, mas nem sempre é. Até mesmo em uma frase simples, a interpretação dada pelo ouvinte pode ser completamente diferente da intenção de quem a disse.

Educador, não trago uma "receita de bolo". Você necessita realizar as devidas diferenciações pedagógicas para que todos possam aprender. O que trará êxito para sua atuação e consequentemente lhe tornará um educador 360 é, sem sombra de dúvidas, o estudo contínuo. Não existem atalhos, mas posso através de muitos estudos de casos e com minha experiencia, tornar esta jornada mais agradável. Você não está sozinho neste caminho. Se você é um profissional da aprendizagem e quer a atenção dos seus aprendentes e colher frutos dos seus ensinamentos, fique comigo e me acompanhe, eu sei quantos desafios você enfrenta e posso lhe ajudar.

> A tríade educacional (família, aprendente e educador) é a base para uma aprendizagem moderna e efetiva. É a aprendizagem do futuro, no presente!
>
> **Mires Oliveira**

PATRICIA RIBEIRO

Patricia Ribeiro é educadora há mais de 25 anos; pedagoga pela PUC-SP e mestre em Educação Internacional pela Framingham University.

Seu trabalho de desenvolvimento profissional a levou a apresentar workshops sobre desenvolvimento do aluno e temas ligados a isto, em eventos de formação de professores.

Leitora ávida, encantada pela arte de escrever, hoje ela concretiza o sonho de escrever livros, realiza mentorias para pais e desenvolve cursos visando a formação de professores.

Tem como missão e propósito alcançar alunos e torná-los mais autoconfiantes e responsáveis por seu aprendizado contínuo.

patricia.improved.learning

Patricia Ribeiro, M.Ed.

+55 (11) 97682-8474

21 VOCÊ SABE QUAIS SÃO OS SEUS VALORES?

Por Patricia Ribeiro

Como toda professora, sempre tive como propósito fazer a diferença na vida dos meus alunos. Desde o início da minha carreira, fui ajustando meus comportamentos e minha mentalidade para conseguir me relacionar com eles para que pudesse ser uma aliada na construção do conhecimento, mas havia um longo caminho a seguir.

Se eu passar um filme na minha cabeça, neste momento, consigo entender que assim como qualquer ser humano em formação, meus valores sempre estiveram em construção.

Nesta viagem pelas salas de aula do meu passado, me deparo com as diferentes escolas onde trabalhei e sinto que se não houvesse esta riqueza de trocas ao longo da carreira, da minha vida, eu não seria nem uma pequena parte do que sou hoje.

O primeiro desafio

Para começar, lembro da vontade de querer alcançar meus alunos que não correspondiam às minhas expectativas ou aos estímulos de aprendizagem. Resolvi investigar a razão de atitudes inadequadas em sala de aula e então percebi que era necessário mostrar abertura e compreensão para que o aluno desenvolvesse um senso de pertencimento, confiando em suas habilidades e se abrindo para nova possibilidades. É nítido que o valor aqui desenvolvido é o acolhimento e independente da atitude que a pessoa apresente, podemos fazer com que ela se sinta conectada aos outros construindo relacionamentos saudáveis e positivos, que a farão conquistar novas etapas em seu desenvolvimento acadêmico e socioemocional.

Por isso, a importância de conhecer seu aluno, que é um ser humano com suas próprias características, ideias, perspectivas, motivações, vontades e medos. Quando conseguimos estabelecer um laço de confiança, os alunos se abrem ao aprendizado, veem propósito na participação das discussões, significado em ouvir os colegas, contribuir e ser parte da construção de metas pessoais e objetivos comuns. Inspirar esta abertura é um movimento constante do professor que deseja que seus alunos permaneçam engajados no aprendizado contínuo.

Muita bagagem depois...

Após muitos anos, encontrei uma turma de alunos com 10 anos, pouco acostumada em corresponder à expectativas mais altas, mesmo sendo extremamente capazes. Procurei conhecê-los, um a um, e abrir um novo capítulo em suas vidas.

De início, encontrei as reações já esperadas, estranhamento, resistência, falta de persistência, mas não desisti. Comunicava sempre o motivo do que estávamos fazendo, a razão da minha exigência e, aos poucos, sem mesmo perceber, consegui que compreendessem que minha exigência era por acreditar nas pessoas que eles poderiam se tornar. Porém, eu só compreendi onde tinha chegado quando estive em uma sessão de desenvolvimento profissional com o Mark Church* e ao perguntar a ele como eu poderia saber que meus alunos entendiam que o meu objetivo era desenvolvê-los, ele me aconselhou a voltar à sala de aula e pedir que eles escrevessem o que acreditavam ser o objetivo do meu trabalho com eles. Então, seguindo a orientação, perguntei aos alunos se entendiam qual era o meu objetivo ao trabalhar com eles do modo que estava fazendo. Para minha grata surpresa, a maioria escreveu:

"Você quer que a gente faça o melhor que pode."

"Você acredita que podemos fazer melhor e é insistente."

"Você se importa com o que eu entrego."

"Você quer que a gente trate os amigos com gentileza."

"Você quer que a gente fale o que pensa e ouve o que queremos falar."

* Mark Church – consultor integrante do Projeto Zero de Harvard sobre Apredizagem Visível e Iniciativas relacionadas a Cultura do Pensamento. É co-autor dos livros *Making Thinking Visible: How to Promote Engagement, Understanding, and Independence for All Learners* (co-autoria com Ron Ritchhart e Karin Morrison, 2011) e *The Power of Making Thinking Visible: Practices to Engage and Empower All Learners* (co-autoria com Ron Ritchhart, 2020).

"Você sabe que eu gosto da minha amiga, mas que não é a melhor parceira de trabalho."

Esta prática foi reveladora e transformadora. A maioria das respostas mostrou que havia compreensão dos alunos quanto ao propósito e uma real transmissão de valores nas atitudes e propostas feitas. Percebe-se que os alunos conseguiram notar a **apreciação** por seu engajamento, o quanto **persistir** os levava a melhorar, a importância de **valorizar** as conquistas do outro, a relevância de se **gentil**, a necessidade da **escuta ativa** e a **flexibilidade** em não julgar outras perspectivas e o reconhecimento de que **colaborar** é uma atitude que vai além da existência de um vínculo de amizade.

Investi muita energia em desenvolver outros valores ao longo do ano. A mentalidade de crescimento, de acordo com a doutora em psicologia Carol Dweck, foi um grande norteador especialmente na construção da ideia de que **aprendemos com nossos erros** e através dos erros dos outros. Este conceito, um tanto novo para as crianças, lhes deu maior liberdade em contribuir e questionar, desmantelando a vergonha de esclarecer e verificar o que haviam compreendido.

Porém, nada é tão simples quanto parece. Não foi da noite para o dia que virou uma chavinha e os *insights* e comportamentos se ajustaram. Foi necessário mostrar a eles que **criamos metas** e passos para crescermos em direção a estas metas. Algumas eram voltadas para a sala de aula, com uma **visão de crescimento conjunto** e algumas eram individuais, mas todas exigiam **encorajamento, acolhimento** e **cooperação**.

A assimilação dos valores era nítida ao ver que reproduziam as atitudes de reflexão, apoio, revisão de metas e compreensão dos objetivos, estendendo sua disponibilidade em ajudar os colegas que precisavam mais. Nunca foi necessário comunicar qual o valor trabalhado, contudo, apontava frequentemente a minha gratidão por ajudar, encorajar, acolher e escutar os colegas. Quando demonstravam flexibilidade, pensamento crítico, ideias inovadoras e a persistência, apesar dos erros, eu os conscientizava de seu progresso e de seu desenvolvimento, o que lhes dava um senso de realização e os fazia buscar novas conquistas.

Diante desta nova **maturidade** e da **abertura em adquirir novas habilidades**, comecei a compartilhar novas responsabilidades com os alunos. O *feedback* que antes era comunicado entre professor e aluno, agora era também fornecido de um aluno para o outro, ou para um grupo. Estabelecemos o que eram e o que não eram comentários construtivos e usamos um modelo chamado “Duas estrelas e um desejo”, que basicamente era focar em dois aspectos positivos e algo que poderia melhorar. Este *feedback* entre colegas desenvolveu a comunicação respeitosa baseada em critérios, além da inteligência emocional para saber o que dizer e como dizer para acrescentar aos alunos e também em receber críticas construtivas e acolhê-las sem levar para o lado pessoal.

Acompanhar este crescimento, especialmente em casos de alunos já desacreditados de sua capacidade e fazê-los retomar sua **autoestima** e **autoconfiança** é uma das maiores conquistas de um profissional da educação. Ao ver isto acontecendo e empoderando crianças, junto com a parceria, a torcida e o reconhecimento da turma me deixou em estado de júbilo.

Pensava como seria maravilhoso poder construir esse sentimento ano após ano e me sentia muito realizada com o que havia construído. Até que veio a pandemia de Covid e tivemos que dar aulas *online*, havendo convivido somente um mês com as crianças. Como superar a distância do digital?

O que motivaria os alunos e faria com que participassem e estivessem presentes e dispostos na aula? Integrei-os ao planejamento o quanto pude. Fiz com que se sentissem **relevantes**, dava destaque aos seus rostos quando se colocavam, a leitura do livro era por conta deles e, por vezes, intervinha com uma pergunta que exigia **reflexão** e **atenção**, para saber o que estavam entendendo e qual a sua opinião sobre os acontecimentos. Fiz as atividades serem o mais interativas possíveis e continuei dando ênfase às apresentações de trabalho, destacando o grupo que estava se apresentando, pedindo para os colegas darem *feedback* através da técnica das estrelas e dos desejos e consegui superar a distância com a maioria dos meus alunos.

Nas situações em que o foco principal era relacionamentos ou desentendimentos entre os alunos, ou que algum aluno quisesse conversar comigo, me coloquei inteiramente à disposição deles para se sentirem **seguros** e **confortáveis** em fazer sugestões e colocações, em pedir mediações nos relacionamentos com os colegas e os trabalhos de grupo e em pedir apoio extra quando não compreendiam bem o que estávamos estudando. Esta **disponibilidade**, a **atenção** e a constante **celebração das conquistas** individuais e da turma, possibilitaram, mais uma vez, que os alunos crescessem e atingissem um novo grau de **maturidade** quanto às **adversidades** e desafios enfrentados e à **resiliência** que mostraram ao **persistir** e desenvolver novas habilidades.

Por fim, o que esta caminhada, junto aos alunos, me ensinou e continua me ensinando é que o professor está sempre adquirindo, revendo, refletindo e agregando novos valores. Estes valores serão passados aos alunos através de exemplos e atitudes, modelando, apontando contribuições positivas, retomando atitudes que precisam ser revistas, sem enfrentamentos, mas com respeito e entendendo a perspectiva do aluno.

Nós temos as nossas expectativas, mas a cada ano nos deparamos com indivíduos diferentes, que nem sempre compreendem a relevância de sua contribuição ou do papel que têm junto ao grupo, podendo encorajar, ou desestimular seus colegas. É essencial que o professor, com paciência e persistência mostre ao aluno que confia e acredita na sua capacidade de realização, construção e transformação para isto virar uma realidade que ele leve consigo para futuras experiências de aprendizagem, dentro ou fora da escola.

As referências bibliográficas deste capítulo estão no Anexo, localizado no final do livro.

> É essencial que o professor mostre ao aluno que confia e acredita na sua capacidade de realização, construção e transformação para que isto vire realidade.
>
> **Patricia Ribeiro**

PAULA BONVECHIO

Sou Paula Bonvechio, 41 anos, mãe do Vitor e do Leonardo. Formada em Geografia, ingressei na docência em 2009, mas foi em 2015, após me formar Pedagoga, que minha vida se transformou. A partir de então, iniciei minha trajetória como gestora escolar na rede estadual de ensino, no estado de São Paulo.

Ao longo desses anos fiz algumas especializações, dentre elas destaco: pós-graduação em Gestão, Supervisão e Mediação escolar; Neuropsicopedagogia; Psicopedagogia; Psicologia Educacional.

Desses 14 anos na educação, 3 anos foram na coordenação pedagógica e 6 anos na gestão escolar, onde experimento e coloco em prática um novo olhar para a educação.

Um olhar cheio de afeto!

@paula.bonvechio

paulabonvechio@gmail.com

+55 (19) 99948-4540

22 GESTÃO COM AFETO

Por Paula Bonvechio

Era outubro de 2018 e eu iniciava minha jornada na direção escolar, naquele momento me vi num ambiente cheio de situações, conflitos e ao mesmo tempo cheio de novidades. Minhas experiências vividas até então colaboraram para que eu tivesse um caminho a trilhar, pois eu havia passado por alguns processos dolorosos nesse caminhar enquanto educadora, alguns que me fizeram pensar em desistir e outros que me fizeram confiar e ter a certeza de que eu estava diante de um grande, porém satisfatório caminhar. A partir de então, de mim dependeria todas as decisões e direcionamentos que iriam interferir direta e indiretamente na vida de muitas pessoas. Dentre todos os problemas enfrentados por mim, os que martelavam em minha mente diariamente eram os conflitos de ordem pessoal. Conflitos entre professores e estudantes, entre professores e demais funcionários, entre funcionários e estudantes, entre estudantes e estudantes e assim por diante. Os conflitos surgiam a todo momento! Diretora, mexeram no meu material... Diretora, esse estudante atrapalha minha aula... Diretora, esse professor cobra muito.... e assim os dias iam passando e os conflitos aumentando.

Ser a gestora daquela escola colocava sobre mim uma grande responsabilidade. A responsabilidade de adentrar nos conflitos e levar uma solução. Mas como levar uma solução quando se tem dois seres humanos cheios de certezas sobre si e sobre o outro? Porque sim, quando estamos num conflito, somos sempre o "senhor da razão" e para a gestão da escola cabe o julgamento, pois é ela quem colocará um ponto final. Mas, será mesmo que essa postura de juiz coloca um ponto final no conflito? E por diversas vezes foi assim, o conflito aparecia, eu "julgava" e colocava um ponto final ou melhor, achava que estava colocando um ponto final. Porém, surgiam outros conflitos e esse ciclo não terminava. Eu estava rodeada de pessoas e situações para gerir e fui percebendo que por traz de todo conflito existia um ser humano que confiava a mim a sua expectativa de ser validado em suas ações. Essa foi a palavra que abriu todo o meu entendimento: **VALIDAÇÃO**.

A validação emocional é uma habilidade, onde prestamos a atenção no que o outro expõe, refletindo e compreendendo sem julgar, validando. É a forma de agir perante um conflito que, na maioria das vezes, nunca tenhamos passado e tem a ver com empatia. Além disso, a validação afetiva gera acolhimento e cuidado. É encontrar veracidade no sentimento do outro, mesmo que não estejamos sentindo o mesmo. As validações afetivas geram interações e essas interações geram conexões para um desenvolvimento maior de autoestima, diminuição do isolamento, encorajamento e aceitação.

A partir deste entendimento, pude readequar as minhas práticas na gestão e passei a aplicar a validação emocional através de uma gestão afetiva. Esse conceito engloba toda a rotina dos profissionais da educação. Realizar uma gestão afetiva com validação é prezar pelo desenvolvimento pessoal de todas as pessoas, elevando os resultados como um todo, pois proporciona mais confiança e maturidade no processo de aprendizagem, bem como o fortalecimento das relações sociais. O teórico Jean Piaget, defende que "*a afetividade é uma condição necessária na constituição da inteligência*". E Segundo Paulo Freire, "*a afetividade não se acha excluída da cognoscibilidade.*"

A afetividade passou a fazer parte das minhas estratégias de gestão e consequentemente replicadas a toda equipe. Classifico minhas estratégias em cinco importantes tópicos: *valorização, escuta empática, engajamento, respeito/compreensão e cuidado*.

Valorização

Valorizar aquele que exerce um bom trabalho é importante, mas valorizar aquele que muitas vezes passa despercebido é o segredo. Já pensou nisso? Quantas vezes você elogiou alguém pelo trabalho que ele realiza dia a dia sem data específica? Certa vez, validei o trabalho de uma funcionária da limpeza publicamente, por exemplo. Como? Através de uma postagem na rede social da escola agradecendo, mostrando o zelo e o cuidado que a funcionária da limpeza realiza todos os dias, com uma frase de gratidão e mesmo sem ela ver, a publicação gerou nela um sentimento de validação, pois no dia seguinte muitos estudantes a abordaram para dizer que havia uma postagem homenageando o trabalho dela e ela não se cabia de alegria ao vir me dizer que já estava sabendo da postagem e ela disse: "É, né? Já tô sabendo da minha foto que você colocou na internet. Tá todo mundo falando". Essa simples ação de validação fez com muitos reagissem na mesma medida de agradecimento ao trabalho da funcionária que se sentiu importante na função que exerce. Como um efeito dominó, todos validaram a funcionária.

Escuta empática

Para ter uma escuta empática, é preciso prestar verdadeira atenção à fala do outro, se colocando no lugar dele e deixando-o seguro de que você está realmente ouvindo. É oferecer conforto e ser um ouvinte ativo e atento na maneira de observar o contexto, as expressões e as emoções ali demonstradas.

Meu primeiro passo como uma ouvinte ativa foi de produzir um canal de escuta, onde todos puderam apontar suas observações em três perguntas referentes a cada profissional da escola, as três perguntas eram simples e objetivas:

O que devo cessar?

O que devo continuar?

O que devo começar?

E após fazer a leitura de todas as observações, pude realizar um feedback com cada profissional onde tiveram a oportunidade de refletir suas práticas e demostrarem através de ações que mudanças são necessárias e que todo apontamento é bem-vindo. Quando aplicamos a escuta empática, criamos conexões, geramos confiança e diminuímos os conflitos, porque a partir dela, podemos corrigir as nossas falhas. E as mudanças foram visíveis a curto prazo!

Engajamento

Através de motivações, como por exemplo, enviando nos grupos de sala um vídeo gravado em casa, em um domingo à noite, desejando boa prova a todos com o meu cachorrinho Flock no colo, para gerar descontração num momento tenso e de preocupação. Isso fez com que os estudantes se sentissem próximos e acolhidos, gerando pertencimento. E o Flock passou a ser pauta de conversas, pois virava e mexia algum estudante me abordava perguntando: "Paula, o Flock vai aparecer de novo?"

e eu sempre usava esse interesse para dizer: tudo vai depender se vocês forem bem! Vendo a repercussão com os vídeos do Flock, decidi gravar vídeos para os estudantes destaques e tive a ideia de encaminhar para os pais ao invés dos estudantes. Gravei cada vídeo, individualmente, e fui encaminhando. A cada vídeo recebido, uma reação diferente, porém todas com muita emoção. E apesar de saber que minha imagem rodava em grupos de famílias, o que mais me importava naquele momento era engajar e estimular meus estudantes. Fui criando proximidade, produzindo confiança e resultando em ótimos índices.

A proximidade produz confiança e essa confiança resulta em bons índices. Me sinto próxima de todos, sou acessível e isso não muda o respeito que todos têm por mim. O engajamento deve ser feito a todo momento através do incentivo, da consideração, do comprometimento e do compromisso.

Respeito/Compreensão

Saber o momento de cada um, respeitando seus limites e suas características, não exigindo exposição, não exigindo parar de chorar, não exigindo que fale, apenas respeitando o momento e compreendendo seus motivos, mesmo que pareçam bobos. Quando você exige um comportamento, você cria barreiras. Nem sempre as pessoas conseguirão se comportar como desejamos e é trivial compreender o tempo de cada um. Quando eu espero o outro se acalmar para ouvir, para falar e quando eu entendo que nem sempre o que eu tenho a dizer naquele momento será importante ser dito. Agir com gentileza, pois a qualidade de ser gentil, de ser acolhedor, doador, amável, podem ser aprimorados em cada um de nós.

Cuidado

Demonstrar através de proporcionar um ambiente limpo, seguro e agradável para se desenvolver um bom trabalho, quando se tem a preocupação com o bem-estar de todos, considerando sua cultura e seu modo de agir; quando você entende as dificuldades dos pais em resolver seus conflitos familiares; quando você se preocupa com a saúde daquele que não chegou bem na escola.

Aplicar a gestão afetiva vai além do cumprimento dos direitos e deveres, vai além da sala de aula, vai além da lousa, ele vai até o coração. Receber uma mensagem da mãe de um estudante conflituoso dizendo: "Você foi muito especial para a nossa família, você marcou uma página na vida do meu filho. Mesmo ele sendo difícil, a forma como você o tratava, o marcou". Hoje, ele na fase adulta considera que a afetividade envolvida nas questões tratadas foi importante para seu crescimento e desenvolvimento humano. Nos tornamos corresponsáveis pelo sucesso de alguém e essa é uma grande recompensa.

Diante de um conflito, evite tentar resolver o problema. Enxergue a situação a partir da experiência do outro, deixando de lado o seu ponto de vista e desapegando de qualquer julgamento que você tenha em mente. Perceba a expressão emocional do outro através do tom de voz, postura corporal e expressão facial e se comunique de forma gentil e amorosa, procurando checar se aquilo que você notou se aproxima do que a pessoa está sentindo. E valide! Todos nós, em alguma medida, precisamos ser validados pelos outros.

É possível validar emoções, pensamentos, posicionamentos, opiniões, fatos de uma situação, sofrimentos, dificuldades e experiências. A validação é uma ferramenta de comunicação extremamente importante para melhorar as relações interpessoais.

Através da minha experiência, deixo abaixo 6 passos para que você possa colocar em prática a gestão afetiva:

1 – O afeto deve estar no dia a dia, nas pequenas coisas, nos pequenos detalhes e na organização;

2 – Conheça sua equipe, crie proximidade, seja acessível, incentive, participe de pequenas ações e se importe;

3 – Seja claro e objetivo, porém, gentil;

4 – Perceba as reais necessidades do entorno;

5 – Busque sempre uma solução;

6 – Tudo que fizer, faça com carinho.

Tudo é prática. Com você e com o outro!

A gestão afetiva envolve comportamentos que podem ser treinados, basta ter disposição para colocar em prática.

> Todos nós, em alguma medida, precisamos ser validados pelos outros.
>
> **Paula Bonvechio**

PRISCILA PEREIRA

Sou professora, pedagoga, psicopedagoga clínica e institucional, coach infantil, parental e escolar, educadora emocional e analista comportamental.

Estou há 23 anos na área educacional. Minha primeira formação foi em 2001, quando concluí o curso de formação de professores. Trabalhei em algumas escolas particulares e em editoras.

Atualmente trabalho na minha empresa, Instituto Espaço Crescer, com apoio pedagógico, sessões de educação socioemocional, sessões psicopedagógicas, assessoria pedagógica e treinamento de professores.

Sou também palestrante, escritora, esposa e mãe.

@instituto.espacocrescer

E-mail: mourapri31@gmail.com

+55 (21) 98471-1862

23 SERÁ QUE ALUNOS APRENDEM COM QUEM GOSTAM?

Por Priscila Pereira

Aos 15 anos de idade, por falta de opção e muito contrariada, fui estudar em um colégio de formação de professores. Só não imaginava que ali se iniciava uma grande jornada, a qual estou há 23 anos.

Após a formação, em 2003, comecei a trabalhar em uma escola filantrópica, localizada na zona norte do Rio de Janeiro, onde aprendi muito sobre: fazer o melhor com o melhor que se tem. Quase sem recursos, aprendi a lecionar da forma mais sofrida, porém gratificante, ao ver que eu conseguia e que era possível, em meio a tantas dificuldades, levar conhecimento e esperança de um futuro melhor àquelas crianças.

Foi ali que vivenciei crianças carentes de tudo, carinho, atenção, comida, esperança... E o que me chamava atenção, era o jeito que elas demonstravam amor e carinho por mim. Na frente delas, eu era especial, era a pessoa que cuidava delas, enquanto os pais trabalhavam.

Naquela creche-escola, estavam crianças indefesas, sem entenderem muita coisa, mas havia um brilho de esperança no olhar de cada uma delas. Os pais depositavam também em mim a esperança de transformação da triste realidade que viviam.

Me apaixonei pelo ofício de ensinar neste momento, mesmo sentindo que eu tinha que ser mais do que professora. Eu tinha que ser forte diante de tudo que eu via e ao mesmo tempo transmitir conteúdo e tranquilidade, como se viver aquela realidade catastrófica, fosse a coisa mais normal do mundo. Enfim, não poderia deixá-las desmotivadas. Deveria fazer meu papel de professora, o que era bem difícil. Quem consegue aprender com fome, de barriga vazia, ou após ter presenciado uma briga dentro de casa? Apesar de todo esse cenário sombrio, elas não só aprenderam o conteúdo escolar, como aprenderam a ser crianças esforçadas, interessadas e cheias de vontade de mudar a sua própria realidade.

Foi nesta creche que muitas vezes eu dava aula descascando batatas, quando a cozinheira não ia por falta do dinheiro da passagem de ônibus. Lá eu cresci e amadureci, com apenas 19 anos de idade, mas com tamanha responsabilidade em não deixar nenhum sonho ali se perder ou morrer e deixar viva a chama da esperança na educação, enquanto meu coração doía em ver uma realidade que eu sabia que existia, mas que até então era distante de mim.

Mas eu consegui, sabe por quê? Porque eu coloquei o amor em tudo o que fiz. Me conectei com a história daquelas crianças, acolhi suas dores e validei suas histórias. Demonstrei confiança e amizade.

E antes de me colocar como a autoridade de professora, eu me deixei experimentar tudo aquilo que era bem novo pra mim.

Eu era a mais nova e a mais inexperiente regente de turma daquela creche. Só tinha um jeito de seguir com o propósito de ensinar: era começar a conquistar aquelas crianças através do afeto, sentimento de amor e carinho que muitas não recebiam de seus familiares. Era como se eu fosse uma super-heroína quem tinha chegado para resolver todos os problemas daquele lugar e daquelas crianças.

Mas consegui! Me conectando, conquistei a confiança, estimulei a autoestima e elas, mesmo com problemas emocionais, aprenderam e como aprenderam! O reconhecimento era notório. Elas passaram a chegar com sorriso no rosto e a ir embora tristes. Aprenderam e avançaram. Foi através desse amor recíproco que as vi se desenvolverem. Espero que hoje, 20 anos depois, tenham seguido no caminho do bem, tornando-se adultos equilibrados e que seus sonhos tenham sido concretizados.

Através dessa minha vivência, posso afirmar que sim!, as crianças aprendem com quem gostam. E como se dá esse gostar? Gostamos de um professor por acaso ou gostamos dele pelo jeito efetivo que ele se coloca em sala de aula? Ou é pelo jeito educado como se dirige e trata seus alunos, seus colegas de trabalho? Ou quando aborda determinado assunto? Ou até mesmo pelo jeito que ele lida com as questões socioemocionais, levando em consideração a história e vivência que cada criança traz consigo, deixando clara a importância de cada um na sua singularidade?

Antes de entrarmos direto nessa resposta, precisamos entender quem nós somos e como somos formados.

A criança desde muito pequena usa do afeto para ser o regulador da ação de escolher ou rejeitar alguma coisa, ou seja, o bebê reage de acordo com o afeto que está sentindo ou recebendo. A partir desta afirmação, podemos dizer que o afeto junto da cognição é indispensável para medir a importância que damos a objetos, situações e pessoas.

As crianças aprendem mais e melhor com o professor que se conecta através do amor. Não se pode falar de ensino-aprendizagem sem falar sobre a importância do afeto em sala de aula.

O professor não deve ser autoritário. Autoritarismo não estabelece relação de confiança e sim, de medo. O professor deve ter a autoridade, mas sem o autoritarismo.

O ambiente de sala de aula é um ambiente de troca de conhecimento. Cada aula é única, nem o professor, nem o aluno saem da sala de aula sendo os mesmos. A cada aula, o aluno leva um pouco de vivência para si, que pode ser ou não aplicada em sua vida. Dessa mesma forma acontece com o professor, ele sempre aprende coisas novas.

Nosso tanque de amor deve ser preenchido todos os dias com afeto. Somos movidos a afetividade, pois ela é o combustível para dirigirmos o carro da nossa vida. Sem ela, a nossa direção é sem rumo, seca, fria e passamos a fazer tudo no modo automático, sem prestar atenção ao que está a nossa volta. Da mesma forma acontece com o aprendizado, sem afeto, simplesmente saímos repetindo o que foi ensinado, sem perceber e valorizar todo o processo que leva o professor a ensinar tal conteúdo.

Quando existe a afetividade, um aluno entende com mais rapidez, aprende com mais facilidade, passa a dominar o assunto e ainda se orgulha de si por ter alcançado o objetivo maior que era aprender.

As crenças, as tradições, as vivências, ou seja, toda a bagagem que o aluno traz consigo é de suma importância e deve ser levado em consideração a todo instante.

Esse aluno deve ser acolhido sempre que necessário. Suas dores, suas angústias e seus medos devem ser validados, principalmente pelo professor que está com ele na troca de conhecimento. O aprendizado não acontece quando o aprendiz não vai bem ou não está emocionalmente bem.

O professor não está na sala de aula só para transmitir conhecimento, ele está ali para motivar a criança a encontrar na escola um ambiente de convívio prazeroso e gratificante e ver nela uma grande oportunidade de crescer e se desenvolver. O professor também é responsável em incentivar nesta mesma criança a vontade e a curiosidade de aprender cada vez mais.

Para que haja sucesso em todo o processo de ensino-aprendizagem, o professor precisa estar consciente não só do seu importante papel como educador, mas de responsável por boa parte da formação desse sujeito no que diz respeito a construção de um indivíduo completo.

Para que essa conscientização esteja bem interiorizada, o professor deve estar por inteiro e praticar o autoconhecimento, só assim saberá quais são as suas necessidades emocionais, como ele organiza e lida com suas emoções. Conhecer seus limites, suas capacidades, habilidades e virtudes, para só depois se entregar aos seus alunos e brilhar na mais linda missão de educar.

Ele precisa acreditar em si mesmo e acreditar em seus alunos. Ter paixão pelo que faz, ter sede por ensinar e nunca perder o desejo de aprender, além de ter em mente a ideia de que toda mudança é possível. O professor deve ser apaixonado pela sua profissão.

Professor emocionalmente equilibrado → dá uma aula que conecta → gera afetividade → atrai o sujeito com seu encanto → sujeito encantado → curiosidade e interesse → aprendizado concluído com sucesso.

Essa comunhão que se faz dentro do ambiente escolar, sobretudo na sala de aula, é mágico e essa magia é a essência da educação. Quando estamos assistindo a um show de mágica, o mágico usa todo o seu conhecimento e utiliza estratégias para aplicar seus truques de modo a encantar os que assistem. O professor deve fazer o mesmo, passar seus conhecimentos através de estratégias que leve os aprendentes ao encanto, ao desejo e à vontade de aprender.

E sabe por que o mágico consegue? Porque ele usa artifícios para ser atraído pelos seus espectadores, existe uma conexão. O mágico quer agradar, ser ovacionado e aplaudido enquanto os espectadores ficam presos, atentos, para tentar descobrir como foi feito tal truque ou simplesmente abrindo um sorriso enquanto batem palmas.

O professor está na sala de aula não para ser aplaudido ou ovacionado como mágico, mas para conseguir cumprir sua missão de ensinar e ver os olhinhos dos seus alunos curiosos e tranquilos em terem aprendido o conteúdo. Mas para isso, assim como o mágico, o professor antes de tudo precisa "agradar".

Uma diferença entre os dois, é que quando acaba o show de mágica, o mágico se despede e muito provavelmente aquele espectador presente não o verá mais. Ficam somente as lembranças e experiências de um dia agradável que foram presenciadas, vividas ou trocadas.

Já na sala de aula, o professor estará todos os outros dias. E para continuar atraindo a curiosidade e o encantamento de seus alunos, ele precisa sempre se reinventar com novos truques e estratégias para que diariamente, com a expectativa de que algo diferente aconteça, os alunos estejam conectados, interessados, curiosos, cheios de afetividade e vontade de aprender.

O professor é como mágico. Sem truques, mas cheio de estratégias para fazer a magia do conhecimento acontecer, e os seus alunos são os mais importantes espectadores desse show incrível que acontece nas salas de aula de todas as escolas. Use e abuse das estratégias afetivas, a nossa memória é como se fosse um baú de informações e muitas delas são esquecidas, mas tenho certeza de que a sua mágica será inesquecível.

Você lembra quantos professores passaram pela sua vida? Quais ainda têm lembranças? Provavelmente os que te marcaram positivamente ou negativamente. De certa forma, deixaram marcas na sua memória. Que tipo de marcas ou lembranças você gostaria de deixar na memória dos alunos que passam por você? Seja você o mágico que as crianças anseiam.

"O professor é como o mágico. Sem truques, mas cheio de estratégias para fazer a magia do conhecimento acontecer."

Priscila Pereira

PRISCILLA COLLALTO PAVANELLI

Sou a Priscilla, nascida em São Paulo, esposa do Flávio, mãe do Lucas (16), do Enzo (14) e da Beatriz (4). Psicopedagoga e psicanalista. Trabalhei como professora e orientadora educacional na rede pública e particular. Tive o privilégio de atuar na área da educação especial, o que me impulsionou a estudar Psicopedagogia.

Viver ao lado desse grande homem que é meu esposo direcionou a me tornar terapeuta de casais. A maternidade me motivou a entender mais sobre o ser humano de forma integral, me levando até a Psicanálise.

Hoje, vivenciar a transformação na vida dos meus pacientes me leva a querer ser cada dia uma profissional melhor e mais comprometida com a busca do conhecimento.

@amarparaeducar

+55 (15) 99185-4250

atendimento@amarparaeducar.com.br

www.amarparaeducar.com.br

24 ATITUDES X CONSEQUÊNCIAS

Por Priscilla Collalto Pavanelli

Para iniciar este capítulo, precisamos primeiro entender o que é atitude. De forma mais formal na língua portuguesa, atitude é se posicionar, uma maneira de agir ou reagir. Já no âmbito terapêutico, atitude é uma constatação positiva ou negativa a respeito de pessoas, situações ou objetos. Quando falamos em atitude, levamos em conta três aspectos: a cognição, o afeto e o comportamento. No aspecto cognitivo, é o que sabemos conscientemente sobre a situação que nos motiva a decidir. O afeto é nosso sentimento e nossas emoções sobre a atitude. E o comportamento é aquilo que nos permitimos e a forma de fazer. Exemplo: uma pessoa que fuma, apesar de saber que faz mal pra saúde, nem sempre consegue ter a atitude de parar (cognição). Porém, se alguém próximo a ela morre por decorrência do cigarro, através dessa emoção negativa vivida (afeto) será mais fácil que ela pare (comportamento). Ou seja, a atitude vem de dentro pra fora. Você se conscientiza, depois sente uma emoção sobre aquilo que te leva a reagir. Se atitude, então, é reagir a algo que sentimos e compreendemos, onde criamos base para fazer nossas escolhas e ter atitudes?

A resposta é: da nossa base familiar, lá na infância. É na primeira infância que ocorre nosso primeiro contato social. Seja qual for a estrutura familiar em que crescemos, independentemente de gênero, raça, classe social e orientação sexual, é nesse ambiente em que são formadas nossas relações com o mundo e nossas percepções de valores, princípios e cultura.

Nossa visão de mundo é primariamente estabelecida dentro da nossa realidade familiar. Então, de que forma nossa família constrói em nós esses pensamentos e comportamentos? Se já entendemos que a base de nossos pensamentos vem do convívio familiar e que é lá que somos moldados, isso só pode ocorrer a cada situação de intervenção, diálogo, troca de informação e conflito.

Quando estamos dentro de um processo de formação e educação, entendemos que alguém está ensinando e o outro aprendendo. Quando erramos ou não reagimos ao esperado, nosso núcleo familiar é quem nos dá esse direcionamento e orientação através da educação. Lembrando que educar um ser humano é formar ele para a vida e isto ocorre desde o nosso nascimento. Nossa personalidade está sempre sendo moldada e sofrendo interferência mesmo na fase adulta, seja na convivência familiar ou na sociedade.

Sabendo disso, não podemos nos esquecer que, neste processo de formação vivido dentro do nosso núcleo familiar, aprendemos sobre crenças. Estas nos direcionam muitas vezes aos propósitos que teremos em nossa vida. Neste processo de aprendizagem, cada ensinamento vai nos construindo e nos levando a entender que, diante de tudo isso, temos que exercitar um comportamento básico de sobrevivência: a tomada de decisão.

Quando somos bebês, é comum que as pessoas que nos cercam escolham as coisas por nós. Mas o tempo passa, crescemos e passamos a ter mais autonomia. Quando encaramos esta realidade de amadurecimento, entendemos que agora temos que decidir e ter atitude por nossa conta e risco. E não só isso, percebemos que, quando decidimos e agimos, as atitudes têm consequências que impactam em nossa vida. Os impactos acontecem tanto nas atitudes positivas quanto nas negativas.

No momento em que começamos a “andar com as próprias pernas”, no que diz respeito às escolhas, compreendemos que elas determinam nosso futuro. Um dos grandes desafios de educar filhos é entender que um dia eles precisarão crescer e assumir os resultados de suas próprias decisões, e, pela experiência, saber que algumas delas nem sempre serão a melhor pra vida deles, porém, tudo faz parte da construção pessoal de cada um.

Educar filhos é sem dúvida uma obra de arte, onde você recebe uma tela em branco e precisa delinear cores, dimensões e objetivos tentando fazer com que fique o melhor possível. Quando falamos sobre a educação de filhos, precisamos também lembrar que uma das principais preocupações é criar filhos capazes de terem opinião crítica e que sejam seres pensantes.

Lembro quando fui fazer meu primeiro vestibular, com apenas 17 anos, visivelmente indecisa e sem nem imaginar que ali estava escolhendo algo que talvez faria pelo resto da vida. Escolhi então Pedagogia. Filha de administrador escolar na época, entendi que era uma área que tinha vocação. Minha mãe queria que eu fizesse Fisioterapia e então coloquei como segunda opção.

Como diz na minha biografia, fiz Pedagogia e não tenho dúvida de que escolhi certo. Refletindo sobre essa fase da minha vida, vejo que cresci em um lar onde meus pais eram pessoas determinadas, trabalhadoras e que amavam o que faziam. Hoje tenho certeza de que a educação que recebi deles me impactou não só pelos ensinamentos na teoria a cada correção, mas pelo que vi na prática eles viverem em suas vidas pessoais e profissionais. Hoje, como mãe, entendo que educo meus filhos de uma forma bem diferente em alguns aspectos. Compreendo que meus filhos são de uma geração totalmente diferente da geração do meu pai e da minha. Ao entender estas diferenças, foi possível ressignificar essa base. Foi necessária uma reconstrução de pensamento para agradecer tudo que foi positivo e recalcular a rota no que já não fazia mais sentido nessa formação pessoal e maternal. Precisamos agora refletir no que faremos com tudo isso em relação ao nosso futuro e quais atitudes poderão nos destruir ou construir.

A pergunta agora é: de onde buscamos a motivação para agir? A motivação certamente tem a ver com o futuro. Olhar para o passado tem função de autoconhecimento e não o norte da motivação. O que passou ficou para trás e tem que ser aprendizado. A motivação é como uma porta que só abre pelo lado de dentro, ou seja, a pessoa precisa se permitir ser motivada.

E por que a motivação é tão importante quando falamos de atitude? Porque nenhuma atitude, seja positiva ou destrutiva, é tomada sem um motivo ou objetivo. Então, antes de avaliar nossas atitudes, é preciso fazer uma reflexão profunda sobre nossas motivações e sobre para quem permitimos nos influenciar.

Cabe ainda uma pergunta: Quem nos influencia, agora na fase adulta, molda nossas percepções e decisões? Sim. Somos seres criados para viver em tribo, em bando e as pessoas e ambientes em que vivemos são fatores importantes quando pensamos em motivação. Entenda que a motivação é algo pessoal e que acontece através das nossas emoções. Ou seja, estar próximo a pessoas e situações emocionalmente instáveis ou negativas afeta nossas atitudes.

Repare que vivemos em uma geração hiper conectada. Uma geração que hoje é muito mais influenciada e impactada por desconhecidos do que, às vezes, pela própria família. Uma geração que não está mais avaliando suas reais motivações para comprar, se relacionar e projetar o futuro. Uma geração que apenas "engole" o que alguém mastigou. Uma geração onde os pais se tornaram mais ausentes pela dinâmica de trabalho, estilo e padrão de vida a ser sustentado.

E neste novo formato de interação social e formação do ser humano, como podemos filtrar melhor as influências sobre nossas motivações?

A resposta é: autoconhecimento. Nada é mais poderoso do que um indivíduo que se conhece. Que conhece seus limites. Que conhece sua capacidade. Que reconhece suas dificuldades e as trabalha diariamente. Que se fortalece para lidar com suas crenças limitantes, que reconhece seu valor e não se submete a qualquer pensamento, ideia ou planejamento que não faça sentido para sua vida.

Através deste processo de autoconhecimento, fica mais claro para o indivíduo se aquela decisão trará consequências positivas ou negativas.

Ao ser capaz de avaliar seus pensamentos, filtrar pessoas e estabelecer propósitos coerentes, essa pessoa consegue nortear de forma mais clara se as atitudes que ela está tendo são construtivas ou negativas diante do seu planejamento pessoal.

A principal meta para alcançar essa lucidez é o investimento pessoal.

Pense em uma empresa que está crescendo. Chega o momento de contratar mais pessoas, ir para um espaço maior, comprar mais máquinas e ampliar a forma de prospectar clientes. As demandas surgem e se torna necessário treinar e capacitar mais esses funcionários. A receita dessa empresa aumenta e é fundamental cuidar da situação financeira. Cada passo dado rumo a esse crescimento gera tempo, investimento financeiro e visão. Você é sua empresa. Você também precisa saber a hora de crescer. A hora de se profissionalizar mais. A hora de mudar de lugar e, acima de tudo, de avaliar quais atitudes devem ser tomadas.

Investimento pessoal é a estrutura mais sólida para quem quer alçar voos mais altos com direção e objetivos certos.

Pensando agora que somos seres fragmentados em muitas áreas importantes dentro da nossa formação, temos que reconhecer quais elas são e se precisamos elaborar algo que ficou sem fundamentação em nossa criação.

Voltando ao início do capítulo, mesmo com todos os esforços que foram feitos em nossa criação lá na infância, não há como estarmos plenamente completos e de forma integral. Então, é nosso papel na vida adulta reconhecer quais áreas precisamos desenvolver, e elaborar as emoções para que nossas decisões sejam as mais assertivas e coerentes possíveis com nossos propósitos.

A única forma de entendermos as nossas defasagens é investirmos em nosso autoconhecimento para assim podermos preencher estas lacunas e evoluir.

Um novo projeto pessoal, um novo emprego, uma nova compra ou empreendimento só acontecerão com sucesso se tivermos atitudes positivas e renovadas. Caso contrário, continuaremos traçando os mesmos caminhos sem novos resultados.

Não diminua suas metas, melhore suas atitudes.

Se você está passando por uma fase de transição ou crescimento, aceite o convite deste capítulo para refletir sobre suas atitudes e decisões. Será que não chegou o momento de permitir o autoconhecimento verdadeiro, gerando mudança e novas ideias?

A palavra é: Arrisque-se.

"Não diminua suas metas, melhore suas atitudes."

Priscilla Collalto Pavanelli

RAFAELA FERREIRA

Rafaela Nunes Ferreira, arquiteta e urbanista, pedagoga, hoteleira, pós-graduada em Gestão Empresarial e *Lean Manufacturing*, capacitação em Liderança, Finanças, Desenvolvimento Pessoal, formação em PNL Sistêmica e Hipnose Ericksoniana.

Professora de História da Arte e Geometria Descritiva do Ensino Médio, atua como gestora educacional.

Sócia proprietária da empresa 25Segundos Desenvolvimento e Treinamentos, criadora da metodologia exclusiva Método S.E.M.E.A.R., com suas sócias, a pedagoga Maria Cláudia G. Lopes e a psicóloga Debora G. Pinto. É palestrante, terapeuta sistêmica e analista comportamental em Eneagrama.

Rafaelaferreira25segundos

Rafaela25segundos

Rafaelaferreira25segundos

www.25segundos.com.br

25

COMO O SEU CAMINHAR PODE INSPIRAR?

Por Rafaela Ferreira

Eu nasci e cresci em berço escolar; meus pais sempre foram professores. Quando eu estava no 3º Ano do Ensino Fundamental I, meu pai foi convidado para ser diretor de uma escola particular e eu fui transferida da rede pública para essa escola, enfrentando muitas dificuldades de adaptação ao ambiente e ao sistema de ensino.

Naquela época, existia o respeito aos mais velhos e a relação professor-aluno era muito diferente, uma relação de amor e respeito ao professor e o diretor era considerado autoridade máxima, temido por professores, alunos e pais. Agora, imaginem só: eu, filha do TEMIDO DIRETOR da escola; por esse motivo, passei por momentos duros, penosos, sofri *bullying* e insultos durante todo o meu período escolar.

Aquele primeiro ano só não foi pior porque minha professora Norma me acolheu no meu momento de maior fragilidade. Daqui a pouco você vai entender o motivo de eu falar da minha professora.

Minhas dificuldades desapareceram? NÃO!

Tanto não desapareceram que eu só queria sair do ambiente escolar; por conta disso, estudei muito e passei em 3º lugar na faculdade de Arquitetura e Urbanismo. Me formei, trabalhei com essa profissão, fazendo projetos e administrando obras. E, cá entre nós, fugindo de emoções e sentimentos que estavam dentro de mim.

Tudo estava indo muito bem, me sentia uma fortaleza, a que fazia tudo, que levava o mundo nas costas.

Até que, em 2009, duas coisas aconteceram e desestabilizaram minha fortaleza: meu cachorrinho ficou paraplégico e eu sofri assédio moral e agressões verbais em uma obra que administrava. Me deparei com sentimentos que não soube lidar: medo, raiva, tristeza, frustração e ansiedade. Os mesmos sentimentos que me acompanhavam desde a saída da escola só afloraram.

Me senti frágil e vulnerável. Diante disso, o que eu fiz? Tomei uma decisão: mudar para não mudar.

Sim, acabei acreditando que mudar de cidade seria o melhor para mim; fechei meu escritório de arquitetura e fui morar na mesma cidade que minha família estava. E você, se estivesse no meu lugar, o que faria?

Independentemente dos acontecimentos, o mais importante é como lidamos emocionalmente com eles, e eu, em vez de tomar a decisão de olhar para meus sentimentos, fiz o inverso. Mudei de cidade. Você já fez isso por alguma razão? Trocou de emprego por se sentir esgotado emocionalmente? Mudou para outra cidade, achando que seus problemas ficariam para trás? Mudou de relacionamentos e depois percebeu que nada adiantou? Eu achei que estava fazendo o correto, pois ainda não sabia que existia outra maneira de resgatar meu valor e respeito perdidos.

Já na cidade onde meus pais estavam, comecei a trabalhar na escola dando aulas de História da Arte e Geometria Descritiva; logo depois, assumi o cargo de coordenadora pedagógica, então mergulhei no trabalho e nos estudos de gestão e administração.

Eu não sabia que estas mudanças de cidade e local de trabalho iam trazer tantos sentimentos. Comecei a enfrentar as panelinhas da escola, as fofocas, os olhares desconfiados. Com a mudança de ambiente, eu tinha que me relacionar com professoras, alunos, pais de alunos, direção, eram muitas demandas para atender, muitas atividades a cumprir.

E sabe o que aconteceu?

Comecei a sentir desânimo de ser professora, sobrecarga emocional, alto nível de estresse e insatisfação de passar ano e entrar ano vivendo as mesmas coisas. Algumas vezes me senti incapaz, perdida e infeliz, apesar de estar bem-sucedida, assumindo cargos e responsabilidades profissionais.

Naquela época, muitas vezes eu acordava, ia trabalhar e não via nenhum sentido no que estava fazendo. Era um sentimento de não estar construindo nada, antes ao menos eu construía casas, agora parecia que nada funcionava, nada mudava, por mais que me esforçasse. Não via valor no que fazia, não me sentia valorizada pelos alunos e nem pelos colegas, que me achavam louca por ter deixado a arquitetura.

E nessa época, as estatísticas já mostravam as principais causas do adoecimento de professores: depressão, ansiedade, alto nível de estresse. Mais da metade dos afastamentos dos professores da Educação Básica têm como causa quadros depressivos.

As estatísticas começaram a me assustar, pois estava me sentindo parte delas, fora que, na sala dos professores, eram muitos falando que estavam com depressão, crise de ansiedade, desânimo e por aí vai. Comecei então a procurar uma saída, tinha que mudar esse sentimento, sair dessa situação antes que piorasse.

Lembra que falei da minha professora Norma? Então, me lembrei dela e realmente queria acreditar que era possível ser uma professora diferente do que estava sendo. Quando lembrei dela, pensei no quanto ela fez diferença na minha vida, não apenas por seus ensinamentos, mas principalmente pela sua sensibilidade. Eu também queria fazer a diferença na vida de meus alunos, dos meus colegas e dos pais e ser forte emocionalmente, então saí em uma jornada de descobertas, pois sabia que a mudança tinha que partir de mim, de dentro pra fora.

Dei início, a virada de chave: fiz muitos treinamentos, cursos de capacitação, de formação, investi pesado no meu desenvolvimento pessoal. Foi muito bom cada treinamento que fiz, chorei, ri, gritei, corri... me abracei, me conheci e comecei a me tornar forte, de dentro para fora.

Aprendi muito sobre a ansiedade, como lidar com o medo, como vencer as crenças que nos limitam, a lidar com o mundo externo sem deixar que ele nos derrube, a importância de viver o momento presente e o controle que podemos ter sobre nossa mente e pensamentos. Aprendi sobre gestão financeira e gestão de tempo.

Fui extraindo de cada curso e treinamento o melhor deles à minha realidade, pois vivo a realidade de sala de aula. Todos os treinamentos me ajudaram muito, mas eu sentia falta de alguém que me entendesse, que sentisse o que eu sentia, que falasse nossa linguagem de "pedagoguês". Sentia falta de algo direcionado ao que eu precisava.

Eu encontrei uma saída, pois fui extraindo destes muitos cursos, do *coaching*, da terapia e da andragogia, as ferramentas necessárias para transformar minha vida e ensinar pessoas a serem fortes emocionalmente.

Quando observava as professoras da escola, queria para elas o que tinha conseguido para mim. Juntamente com minhas sócias, Maria Cláudia e Débora, criamos o método SEMEAR, que é um ciclo de excelência emocional, onde você aprende a gerenciar seus **S**entimentos, **E**ntender seus pensamentos, **M**udar suas crenças limitantes, **E**scolher e fortalecer suas decisões, e **A**gir em prol de seus objetivos e assim, se sentir **R**ealizado, alinhando seus sonhos com seu propósito de vida.

Assim como a educação é um ciclo, esse método também é, onde aprendemos diariamente a lidar conosco e consequentemente refletimos em todas as pessoas que convivemos, seja dentro ou fora do ambiente escolar.

E quando você aprende a ser forte emocionalmente, esse ciclo de desenvolvimento emocional flui.

E isso é possível porque o método SEMEAR é dividido em 3 etapas do desenvolvimento socioemocional.

Na primeira, focamos no Autoconhecimento – Módulos "S" Sentir e "E" Entender.

No **S** (sentir), você aprende a gerenciar suas emoções básicas como: medo, raiva, tristeza, alegria, nojo e isso impacta diretamente suas emoções secundárias, como: ansiedade, frustração e desvalorização, entre muitas outras. Gerenciar suas emoções permite que você tenha uma vida mais leve e tranquila, usando-as como recursos poderosos para seu fortalecimento emocional através do autoconhecimento.

No **E** (entender), é fundamental entendermos nossos diversos tipos de pensamentos, para termos pensamentos de qualidade e sabermos lidar com o crítico interno e todos os demais pensamentos disfuncionais e resistentes que temos.

Na segunda etapa, focamos no desenvolvimento e descoberta – Módulos "M" Mudar e "E" Escolher.

O **M** (mudar), é o grande pilar do desenvolvimento, pois nele encontramos padrões limitantes que estão arraigados em nossas crenças e valores, onde há muitas crenças que, em vez de nos fazerem crescer, nos prendem e nos colocam em uma posição de desvalorização e inferioridade, então aqui aprendemos como mudar isso de forma real e consistente.

O **E** (escolher), tão importante como o terceiro pilar, é onde fortalecemos nossas decisões para os novos caminhos que queremos seguir, trazendo à nossa vida satisfação e reconhecimento.

Na terceira etapa, trabalhamos o aperfeiçoamento – Módulos "A" Agir e "R" Realizar.

O **A** (agir), aprendemos a tomar ações mais assertivas, práticas, e a lidarmos com a procrastinação.

O **R** (realizar), como parte do aperfeiçoamento, é onde alinhamos nossos objetivos e metas com nosso propósito de vida, para que nossos sonhos se realizem de maneira sustentável e duradoura.

O método SEMEAR é a base que trabalhamos em todos os nossos cursos, principalmente no CURSO 25Segundos SEMEAR Gestão Emocional, que já proporcionou e ainda proporciona uma mudança real e duradoura às pessoas que se permitem experimentá-lo em suas vidas.

Nosso desenvolvimento emocional começa como se fosse uma semente, temos que cuidar dos nossos sentimentos para que eles se fortaleçam de forma saudável, cuidar dos nossos pensamentos para que os bons prevaleçam e assim nos ajudem com nossas raízes, que podemos chamar de crenças e valores. Nossas escolhas são o nosso caule, aquilo que nos coloca em pé todos os dias. Nossas ações são nossos frutos, que podem ser bons ou ruins e nossa realização são nossas sementes.

E o que move tudo isso? A missão que está dentro do seu coração e a minha é fazer a diferença na vida dos alunos e ensinar professores a serem fortes emocionalmente, pois eu amo ensinar.

Usando o método SEMEAR, buscamos simplificar através de ferramentas práticas e autoaplicáveis o dia a dia dos professores e demais pessoas, para que se sintam mais valorizados, seguros e em paz, apesar da sobrecarga emocional, para que continuem fazendo a diferença na vida dos alunos e de todos com quem convivem, assim contribuindo para a construção de um mundo melhor.

Afinal, 25Segundos... é tudo que você precisa!

“No desconforto de uma sala, muitas histórias se misturam e nela encontramos nossa missão como professor. Nossa aula é nossa obra de arte.”

Rafaela Ferreira

RICARDO INOCÊNCIO PEREIRA

Sou licenciado em Letras (Português, Inglês e Espanhol), mestre em Educação, constelador e mentor certificado BMIND. Com 26 anos de carreira na Educação nos níveis básico e superior, incluindo docência e gestão, também tenho me dedicado ao Desenvolvimento Pessoal.

Em 2020, fundei a Evolucionar, com o propósito de promover a evolução humana, na consciência e nas ações, por meio de uma educação sistêmica e holística. Tenho treinado profissionais da educação que buscam sucesso profissional com qualidade de vida.

@ricardoipereira

Ricardo Inocêncio Pereira

ricardo@evolucionar.xyz

+55 (47) 98821-0255

https://evolucionar.xyz/home/

26 SEUS ALUNOS CORRESPONDEM ÀS SUAS EXPECTATIVAS?!

Por Ricardo Inocêncio Pereira

Neste capítulo, compartilho reflexões que apresentei na primeira aula do *Força, Educador!* – meu programa de aulas gratuitas online para educadores que buscam sucesso profissional com qualidade de vida. Ao final da leitura, você terá compreendido como suas expectativas afetam a realidade no processo educacional.

Convido você a mergulhar neste texto, sendo guiado por provocações baseadas em meus próprios estudos e reflexões sobre a prática. Ao final, poderá emergir uma nova postura, propulsora de evolução consistente e de grande realização profissional.

Vamos iniciar o mergulho com um exercício: pense no seu aluno mais desafiador, não importa a idade, o gênero ou nível de ensino. Traga para a consciência suas características, seus resultados de aprendizagem e compare o momento atual com algum ponto no futuro. Quanto terá aprendido e se desenvolvido?

Agora, pense em seu melhor aluno. Alguém que você costuma elogiar ou reconhecer pelo desempenho, com orgulho e alegria. Com esse aluno em mente, lhe convido a repetir o exercício anterior, pensando em como este outro aluno é hoje e como estará no mesmo ponto do futuro.

Concluído o exercício, posso afirmar que o que você pensou e sentiu, em ambos os casos, revela suas expectativas, que têm origem em suas próprias crenças. Sua visão de mundo, construída ao longo de toda sua história de vida, foi formando essas crenças e, consequentemente, tudo o que você espera, em qualquer área da vida. Refiro-me a crenças, aqui, como aquilo que você acredita, mesmo sem ter consciência, ou seja, como *"informações que se tornam programações em nível subconsciente e condicionam comportamentos importantes que vão afetar todas as nossas atividades"* (PAGNONCELLI, 2018, p. 94).

É importante salientar que algumas dessas crenças são evolucionárias ou fortalecedoras, pois conduzem as pessoas para o sucesso, para a realização. Outras, no entanto, são limitantes, pois travam o desenvolvimento, a caminhada para os sonhos, para o sucesso. Ou seja, sem exceção, todas provocam resultados em nossas vidas e atuam continuamente, mesmo sem termos consciência delas.

Além disso, saiba que suas crenças podem influenciar as pessoas que o cercam. E isso já foi provado pelos estudos realizados por Robert Rosenthal e colegas, ao longo de 30 anos. Suas descobertas foram chamadas de Efeito Pigmaleão, em referência a um mito grego de um escultor que se apaixonou por uma estátua que criou e, com a ajuda dos deuses, conseguiu transformá-la em uma mulher.

Vishen Lakhiani (2017, p. 112) alerta, com base nos estudos mencionados, que *"os efeitos da expehctativa provam exatamente quanto as nossas vidas são afetadas pelos modelos de realidade de terceiros, por mais verdadeiros ou falsos que sejam."* O autor relata que ratos escolhidos aleatoriamente percorriam um labirinto com menor ou maior eficiência, de acordo com as expectativas dos pesquisadores. O mesmo experimento também foi realizado com estudantes e repetidos em muitos outros ambientes, como salas de negócios e creches.

O estudo concluiu que *"as suas crenças podem influenciá-lo e as pessoas que o cercam. Você recebe o que espera."* (LAKHIANI, 2017, p. 112). Isso nos remete, também, a Lei do Mentalismo, um dos sete princípios herméticos que afirmam que tudo no universo é mental e que a mente é a fonte primordial de todas as coisas, incluindo matéria e energia.

Essa lei, também chamada Lei da Criação, sugere que a realidade que percebemos é uma criação da nossa mente, e que podemos moldá-la por meio do pensamento e da consciência. Segundo Grisa (2002, p. 2016), *"tudo o que existe, existe na realidade exterior, física, objetiva, visível, porque já existiu antes no pensamento de alguém."* Enquanto seres humanos, por meio do poder da mente, participamos da criação do Universo, somos cocriadores da realidade. Portanto, as expectativas que sua mente cria sobre seus alunos ou turmas tendem a se concretizarem.

Perceba, ao encarar aquele aluno que o incomoda pelo insucesso, se você já não estava esperando exatamente isso dele, com base em suas crenças. Se é uma escolha sua, escolha acreditar que seus alunos possuem um grande potencial inexplorado e diga isso a eles. Alguns já foram muito desacreditados pela família, por ex-professores, por colegas ou pelas experiências de fracasso anteriores e chegam até você depois de terem vivido vários processos de rejeição.

Como educador, você já deve conhecer a incrível plasticidade do cérebro. No entanto, muitas vezes o aluno não avança ou não consegue dar os passos necessários e ter melhores resultados porque todos a sua volta acreditam que ele não é capaz.

Como cada aluno tem seu próprio percurso formativo, é praticamente impossível que, em uma sala de aula, todos estejam no mesmo nível de desenvolvimento. Então, com base em que você os categoriza entre bons e ruins? Provavelmente, você está se baseando em preconceitos e agindo com discriminação, mesmo que não admita. Você usa um modelo interno que construiu a partir de suas experiências e, com base nesse padrão, tende a compará-los e a classificá-los. A diversidade não é desculpa para rótulos ou ranqueamentos, pois cada um tem sua dignidade e merece respeito. Então como lidar com isso?

Primeiramente, se você tem em mente um padrão de aluno ideal e coloca essas expectativas elevadas sobre todos os alunos, você terá, como resultado, a frustração sua e deles. Se você deseja levar a turma toda a um ponto específico, o ponto ideal, e todos tem que se encaixar nesse ponto, para uma parte da turma isso é muito pesado e faz com que se sintam fracos e menos amados. Sem perceber, já está ocorrendo um processo de exclusão de todos aqueles que você considera menos capazes de avançar.

Se você pensa: "Como eu queria que eles fossem diferentes, como eu queria que eles dessem conta até o mês que vem ou até o final do ano," eles captam essa informação e olham para tudo o que tem que avançar e sentem que não é possível. Às vezes, desistem mesmo antes de tentar.

Da mesma maneira, se você olha para o aluno pelas lentes dos rótulos do julgamento, dos laudos, ou das notas, você pode projetar uma expectativa negativa sobre eles. Ao pensar num aluno que apresenta um determinado déficit, alguma síndrome, um histórico de fracasso escolar ou é considerado "aluno-problema", por exemplo, você já ativa todo um rol de preconceitos, com base nas suas crenças. Então, se você acreditar que o aluno não será capaz de avançar, ele também acreditará nisso.

Isso porque nos comunicamos com as outras pessoas por meio de um campo de informação presente em nossos sistemas, que vai muito além daquilo que vimos e ouvimos. Você já reparou que parte dos professores conseguem bons resultados com uma turma que, para outros, cada aula é uma batalha onde todos saem perdendo? Boa parte dessa diferença se deve às expectativas dos educadores e não ao perfil da turma.

Olhando a situação na perspectiva da Educação Sistêmica de Bert Hellinger e seus sucessores, quando um educador se conecta apenas com os alunos que atendem sua expectativa de aluno ideal, o processo não anda. A proposta é ir aonde o aluno está e, sem julgamentos, acreditar no seu potencial para o sucesso, convidá-lo a caminhar junto, como alguém digno, importante e capaz.

Em vez de focar no aluno ideal, foque no aluno real e vá ao encontro dele, aceitando-o como é. Isso é educar a serviço da vida, com o amor do espírito que flui para todos. Dessa forma, você pode encarar aquele que apresenta alguma dificuldade com o mesmo amor que o outro que já avançou e dizer "Vamos adiante? Existe algo maravilhoso lá na frente. Eu ajudo você e você faz a sua parte, porque eu acredito no seu potencial, na sua capacidade infinita de aprender, de se desenvolver mais e mais."

A alternativa seria, então, encontrar o ponto de equilíbrio, isto é, não esperar demais e nem de menos dos alunos. Tenho observado, pelos resultados, que o caminho do meio é a melhor opção. Para cada aluno seria uma medida diferente, pois cada um é um ser único e individual. Compreender essas diferenças é incluir todos no coração.

Dessa maneira, cada aluno se sente aceito, percebe que tem o seu lugar sendo quem é, com a bagagem invisível que traz da história familiar, das experiências que já viveu. Você, enquanto educador, acolhe, aceita, vai ao encontro dele e, daquele lugar onde ele se encontra, com muito respeito e sem julgamento, o convida a caminhar para o mais. Assim, ele pode avançar com segurança e com autoconfiança, dentro de suas condições e no seu tempo. E jamais se agarre a uma expectativa negativa, porque toda vez que você faz isso, destrói o processo.

Eu tenho atuado como professor de línguas a maior parte da minha carreira e muitos chegam com a crença de que aprender outra língua é difícil. Eu costumo afirmar:

"assim como você aprendeu sua língua materna, pode aprender quantas línguas quiser." Então, os alunos reconhecem seu potencial infinito e se permitem avançar.

Em síntese, depois desse mergulho que propus, sugiro que você volte outras vezes para o seu interior e continue investigando suas crenças, num processo de autoconhecimento contínuo. Busque compreender se tem esperado, inocentemente, pelo aluno ideal e, por isso, está tendo dificuldade de amar e chegar no coração de todos. Como você saberá? Pelos resultados.

Assim, a cada novo mergulho no autoconhecimento, procure emergir mais despido de expectativas negativas, desenvolvendo o que eu chamo de postura evolucionária. Você vai ao encontro do aluno e o convida a seguir junto para o mais. Essa é a postura de um educador evolucionário, que evolui por meio do autoconhecimento e promove evolução no sistema, melhorando os resultados seus e dos alunos, numa jornada de sucesso holossistêmico.

Convido você a seguir nessa jornada evolucionária comigo. Entre em contato por meio de uma das redes sociais que estão na página de perfil que antecede este capítulo.

As referências bibliográficas deste capítulo estão no Anexo, localizado no final do livro.

> Em vez de focar no aluno ideal, foque no aluno real e vá ao encontro dele, aceitando-o como é.
>
> **Ricardo Inocêncio Pereira**

SIMONE RABINOVITCH

Sou Simone Kuhn Rabinovitch, pedagoga, coach, *kidscoach* e educadora parental, mãe de dois adolescentes e casada há 20 anos.

Estou na área da Educação há mais de 40 anos; passei por diversas metodologias de ensino, acreditando que o principal é o respeito à criança.

Fui coordenadora, professora alfabetizadora e atualmente invisto no meu sonho, que é ajudar as famílias no processo de criação dos filhos com leveza e muito respeito.

Ajudo as famílias com dificuldades em lidar com desafios do dia a dia, birras, dificuldade em adaptação... entre outros!

Faço isso sempre através da Disciplina Positiva e entendendo que toda mudança de comportamento é possível.

@simone_rabinovitch

simone.rabinovitchedparental@gmail.com

+55 (11) 99155-1603

27

EDUCAÇÃO COM AFETO: POR QUE É TÃO URGENTE?

Por Simone Rabinovitch

Antes de ser mãe sempre me perguntei como eu deveria educar meus filhos, já estava na área da Educação há muito tempo e tinha conversado e estudado muito sobre como deveria ser o ideal para que uma criança se tornasse um adulto capaz e empoderado, com habilidades desenvolvidas para o seu futuro.

Tive uma educação em casa com algumas restrições, porém meus pais sempre me deram a chance de eu ser o que sou agora.

Minha mãe era do tipo que "bater" fazia parte da educação e de bons ensinamentos. Ela me dizia: "Você vai aprender por bem ou por mal".

Quando cresci e me tornei uma educadora, segui meu rumo de estudos para a busca de ser uma pessoa que construísse e agregasse na vida dos meus alunos, buscava por estudiosos que respeitassem o desenvolvimento da criança.

Me identifiquei muito com o construtivismo, que na época estava aparecendo como uma forma de educação que entendia que a criança não era uma "tábula rasa", onde o professor ensinava e eles ficavam somente ouvindo, mas sim, eram seres que tinham em sua vida conhecimentos prévios.

Pensando muito porquê é tão urgente uma educação com afeto, me encontrei com a Disciplina positiva de Jane Nelsen. Ela nos traz que a educação com afeto proporciona mais confiança e maturidade no processo de aprendizagem, bem como o fortalecimento das relações sociais. Ainda estimula a humanização do ensino.

O equilíbrio na relação entre pais e filhos é a chave para uma educação saudável.

Para que isso aconteça, é importante que os pais sejam firmes com as regras da casa e seus filhos aprendam a cumpri-las. Além disso, os pais devem ser capazes de responder às necessidades dos pequenos com amor e firmeza. Isto vai contribuir para que a criança desenvolva um bom relacionamento com o pai e/ou a mãe que têm por ele carinho e respeito integralmente justificados pelas atitudes do próprio adulto.

Como responder às necessidades dos pequenos com amor?

Primeiro de tudo, precisa dar atenção às reivindicações dos filhos, sempre que possível; no entanto, é preciso ser firme quando estas não forem razoáveis ou relevantes em determinado momento.

De maneira geral, é importante descobrir um meio termo entre o excessivo apaziguamento emocional, que pode gerar dependência, ou o total abandono, que pode levar a uma falta de identidade. O ideal seria ter uma relação harmoniosa entre pais e filhos baseada na compreensão mútua do papel de cada um.

Ser respeitoso nos nossos modos de tratar as crianças é fundamental: temos que tratá-las bem para que aprendam a tratar os outros bem.

Qual a importância de um forte relacionamento entre pais e filhos?

O vínculo entre você e seu filho é o elemento mais importante em seu desenvolvimento e os afetará pelo resto de suas vidas.

Esse fato por si só deve motivá-lo a desenvolver um relacionamento próximo com seu filho, mas também há outros benefícios. As pesquisas mostram que as crianças que têm um bom relacionamento com seus pais são mais propensas a se saírem bem academicamente, emocionalmente e socialmente do que aquelas que não o fazem. Eles também são menos propensos a se envolver em comportamentos de risco, como uso de álcool ou drogas mais tarde na vida- uma consideração importante quando se trata de criar filhos!

Então, como exatamente você cultiva esse tipo de conexão?

O primeiro passo é simplesmente passar um tempo juntos; o ideal é que seja todos os dias, se possível (que seja 15 minutos), mas que este encontro seja de muita qualidade. Em seguida, seriam projetos envolventes em que ambas as partes pudessem aprender uma com a outra - seja jogando juntos, cozinhando, arrumando a casa ou até mexendo juntos no celular, para buscar trabalhos divertidos que exijam supervisão de um adulto. O tempo de qualidade com a criança é muito importante em casa, onde não há distrações como programas de TV ou plataformas de jogos online - apenas ouvindo enquanto fala sobre o que quer que surja naturalmente, sem ter nenhuma expectativa de antemão (esta última parte pode parecer difícil, mas continue tentando!

A afetividade é um dos fatores que favorecem a aprendizagem e o desenvolvimento cognitivo, fazendo com que o indivíduo aprenda através dos sentimentos, das emoções e das experiências que são trocadas na interação com o outro.

O respeito começa com as crianças desde muito pequenas. Aprender a respeitá-las e depois ensiná-las a respeitar os outros também é uma parte importante de ser pai ou mãe.

Mas não é fácil. As crianças precisam de muita atenção e cuidado, por isso pode ser fácil para os pais se esquecerem das coisas básicas que nos tornam humanos: nossos pensamentos, sentimentos e necessidades.

Mas se não ensinarmos nossos filhos a tratarem as outras pessoas com respeito, eles também não crescerão sabendo como fazer isso.

A melhor maneira de os pais ensinarem o respeito aos filhos é por meio do exemplo; demonstrando bom comportamento ao lidar com os outros (adultos e crianças). Se você quer que o comportamento do seu filho na escola ou na casa dos amigos melhore, comece mudando o seu!

Os pais devem ser organizados, pacientes e firmes no seu limite, devem se organizar para que as crianças tenham um local para guardar seus brinquedos e livros. A sala servirá também como um espaço onde poderão brincar com os amigos ou sozinhos.

Outra maneira de ajudar as crianças a aprenderem mais rápido é ouvir suas preocupações e abordá-las sem julgamentos. Se seu filho chega da escola questionando por que ele tem que fazer lição de matemática, em vez de você dizer: **"Estou pagando sua escola e você precisa sim, aprender Matemática. Então senta aí e faz sua lição."**, tente algo como: **"Eu sei que matemática é difícil às vezes, mas nos ensinará como pensar com mais clareza na vida"** ou **"Concordo que este problema de matemática parece confuso - vamos examiná-lo juntos e ver se conseguimos resolvê-lo"**.

É incrível como seus filhos ficarão mais dispostos e capazes quando sentirem que estão sendo ouvidos!

Se você deseja que seu filho seja mais independente, incentive-o a fazer as coisas por conta própria e certifique-se de que está seguro ao fazê-lo. Reserve algum tempo todos os dias para que eles possam brincar sozinhos na sala ou no quarto enquanto você trabalha no computador ou assiste à TV em outro cômodo próximo (com a porta aberta). Certifique-se que seu filho saiba as regras combinadas para que não façam coisas proibidas.

Incentive o autocuidado, deixando-os escolher quais atividades gostariam durante esse tempo juntos, sem reclamar ou insistir! Você pode até tentar compartilhar alguns de seus hobbies com eles durante esse período também; talvez até ensinem um ao outro algo novo juntos!

Responder às necessidades das crianças com amor, limites e firmeza é o objetivo de uma educação com afeto.

Quando se trata de criar filhos felizes e saudáveis, o relacionamento entre pais e filhos é importante. A relação pais-filhos deve ser repleta de amor, mas também de uma firmeza que permita estabelecer e respeitar limites. Dessa forma, a criança aprenderá qual é o comportamento apropriado em situações sociais e também em casa.

Ser organizado e paciente também são componentes-chave de um programa eficaz de Educação Parental. Quando se trata de estabelecer limites nas atividades e no comportamento de seu filho, você precisará de todas essas qualidades para garantir que suas palavras tenham peso e tenham impacto na maneira como seu filho se comporta daqui para frente.

A educação ainda é considerada por muitos como a área central na formação de um ser humano, pois proporciona aos indivíduos conhecimentos, habilidades e atitudes para que possam ter uma melhor qualidade de vida.

Educar de forma respeitosa é adquirir e desenvolver atitudes, valores e princípios que servirão de base para a construção do caráter e do comportamento dos filhos. O adulto assume um compromisso com o aprendizado e desenvolvimento das crianças, ele precisa se comunicar emocionalmente e com autonomia com os filhos, para criar ambientes saudáveis para o desenvolvimento da personalidade da criança e do adolescente.

As crianças que são tratadas com respeito e gentileza por seus pais crescem e se tornam pessoas mais gentis. Eles aprendem empatia e compaixão ao serem tratados com respeito e gentileza.

Educar com respeito, educar com amor, educar com luz. Essa é a missão da EDUCAÇÃO PARENTAL. E essa missão é executada através de cinco princípios fundamentais: **Integração, Ética, Compromisso Social, Orientação Educacional e Valores Biológicos.**

"O vínculo entre você e seu filho é o elemento mais importante em seu desenvolvimento e os afetará pelo resto de suas vidas."

Simone Rabinovitch

THÁFILA LORENA

Meu nome é Tháfila Lorena, tenho 32 anos, sou casada e sou mãe da Esther, de 3 anos, sendo esta autista, e do meu milagre João Miguel, de 1 ano e 9 meses.

Por 11 anos, me dediquei à profissão de professora pedagoga e sempre acreditei que essa era a minha vocação; hoje, mesmo não lecionando mais, vejo que eu não estava errada. Continuo depositando amor e carinho nas salas de aulas do Brasil e em outros países, mas agora através da produção dos meus arquivos pedagógicos visuais e interativos.

Deus me chamou para esse meio, seja na sala de aula ou compartilhando minha criatividade com mais de 150 mil professores que possuo na página do meu Instagram. E eu creio que isso é um dom. Um dom divino!

@prof.com_amor

www.profcomamor.com.br

+55 (62) 99615-9111

28 A IMPORTÂNCIA DA CRIATIVIDADE

Por Tháfila Lorena

Antes mesmo de me formar na Universidade Federal de Goiás, no ano de 2017, eu já me sentia preparada para ser professora. Sou filha de professora e que na época também era proprietária de escola, obtive muita experiência na área da educação naquele lugar.

Após formada e passar por diversas turmas e instituições, percebi que "pensar fora da caixinha", ou seja, sair da minha zona de conforto e pensar de forma inovadora ao ensinar as crianças, despertava mais o interesse delas pela aprendizagem. Eu amava ver a concentração dos estudantes ao contar histórias, produzir cartazes ou jogos, aquilo era um incentivo pra mim.

Após meu casamento, conciliar trabalho, escola, família, não era fácil. Quem é professor sabe bem que essa é uma profissão que exige muito de nós e, além disso, existe a desvalorização salarial que nos faz recorrer a vários turnos de trabalho e comigo não tinha sido diferente.

Desde quando iniciei nesta profissão, eu trabalhava dois turnos: manhã e tarde, e à noite ficava por conta da produção de recursos que eu utilizaria em sala de aula. Eu amava essa parte! Planejar e criar algo dinâmico fazia parte dos meus planejamentos escolares e sempre fiz pelos estudantes e pelo prazer em vê-los aprendendo através de diversas metodologias criativas. Nós, professores, sabemos que o reconhecimento por parte de pais ou escola, muitas vezes, não vem. Não podemos nos deixar frustrar e desmotivar e sim, pensarmos em nosso papel de professores e oferecer aos alunos aulas ricas e dinâmicas. Eles merecem! Estão ali para aprender aquilo que temos a oferecer e devemos dar o nosso melhor.

Mas conciliar tudo isso já não estava ao meu alcance. A minha dificuldade estava em gerir o meu tempo entre casa e trabalho, porém oferecer uma aula criativa para as crianças requer tempo: primeiro eu precisava organizar minhas ideias, depois pesquisar sobre o assunto e em seguida partir para a produção. E ainda: às vezes, a criatividade não vinha quando eu estava sentada à frente do computador para criar e aquele pequeno tempo que eu tinha disponível, já não existia mais. Em alguns momentos, a única solução que me restava era deixar de oferecer aos estudantes aquela aula atrativa e dinâmica que os ajudaria tanto no aprendizado e despertaria o interesse pelo conteúdo, por essa falta de tempo.

Aquela não era eu. Eu queria oferecer mais, eu precisava oferecer algo a eles que fizesse sentido, mas sem o devido tempo necessário eu não conseguiria. Foi então que, por acaso, descobri no Instagram perfis de professoras criativas que compartilhavam suas ideias com outras professoras vendendo recursos pedagógicos e resolvi adquirir um que me ajudaria durante as minhas aulas. Percebi que compartilhar criatividade era uma ideia fantástica, porque além de oferecer aulas criativas para os meus alunos, eu poderia oferecer a outros professores e estudantes também. Foi aí que resolvi me dedicar apenas à produção de recursos pedagógicos visuais e interativos, compartilhando minhas ideias e criatividade com outros professores do Instagram. Assim, estaria fazendo o que tanto gostava e ao mesmo tempo ajudando outros profissionais a ensinarem com significado, criatividade e amor.

Sabemos que cada pessoa é única no seu modo de aprender, por isso, cada estudante pode ter mais facilidade com um determinado assunto e ter dificuldade de aprender em outro. Por isso, a criatividade em sala de aula é tão importante e nosso objetivo, é poder alcançar a todos durante a exposição de um assunto. Para isso, a saída está em promover diversas atividades e a utilização de diferentes recursos, como trazer para sala de aula música, dança, encenações, feiras de ciências, materiais como jogos didáticos, painéis interativos, entre outros.

Todos os anos a educação passa por constante transformação, e principalmente em tempos de ensino remoto em decorrência da pandemia; prender a atenção e estimular a criatividade do estudante foi um desafio ainda maior para o professor. Os professores tiveram que reinventar seus métodos para que os estudantes pudessem aprender e, sobretudo, fazerem com que as crianças se interessassem pelas aulas. A partir daí, mostrou-se também a necessidade de incentivar os estudantes através de aulas criativas.

A criatividade não está apenas em uma ferramenta visual, mas tudo aquilo que é diferente, novo e atrativo, algo que faça o estudante sair do passivo convencional e o coloque como protagonista e que o ajude a explorar ideias e a construir seu próprio conhecimento.

Saber o que está acontecendo na sua área de atuação é essencial para preparar aulas criativas. Quanto mais atualizado você estiver, menos vai se apegar a modelos de aulas tradicionais. Busque se renovar e se capacitar e, assim, suas ideias também serão renovadas.

Existem diversas páginas nas redes sociais que você pode se inspirar para oferecer aulas criativas. Muitas postam ideias legais, de professores que podem gerar várias ideias para o tema de sua aula.

Ser um professor criativo não é algo que nasce da noite para o dia, a criatividade é uma qualidade que pode ser nata ou não. Algumas pessoas possuem muita facilidade em imaginar e criar algo de forma natural, já outras, precisam ter a criatividade estimulada ao longo da vida, e não tem problema, existem diversas técnicas e dicas para esse propósito **e que podem tornar qualquer pessoa criativa**.

Se você está acostumado a trabalhar sempre da mesma forma, procure praticar algumas atividades que estimulam a criatividade e comece a colocá-las em prática, por exemplo: pintar, desenhar, escrever história, música, decorar algo ou algum espaço, o importante é separar um tempo para estimular seu cérebro a ser mais criativo, abuse da criatividade em sala de aula e sinta a diferença.

Ainda, afirmo que, professores criativos terão também estudantes criativos. Somos exemplos para eles! A criatividade em sala de aula, atrai a atenção dos estudantes e os chama para serem mais ativos e os ajuda a também "pensarem fora da caixa" e a saírem de sua zona de conforto. Dessa forma, os alunos contribuem mais ativamente para a construção do próprio aprendizado, tanto na vida escolar quanto na vida pessoal.

Outro ponto muito importante que vale a pena lembrar é que uma das maiores fontes de inspirações para aulas criativas são nossos próprios alunos. Saber quais são seus interesses, do que eles gostam, filmes, jogos, brinquedos e brincadeiras, devem ser pontos de partidas para uma aula criativa. Levar um recurso visual ou se caracterizar de algum personagem que seja do cotidiano dos estudantes, com certeza trará muito mais atenção e despertará muito mais interesse naquilo que você está falando e, consequentemente, irá colaborar com o aprendizado do corpo discente.

Além disso, a necessidade de promover na escola um ambiente propício ao desenvolvimento e à expressão da criatividade, tem sido destacada por educadores de vários países, tendo o professor um papel muito especial nesse processo. Assim, para Alencar e Martínez (1998), o desenvolvimento da criatividade na educação passa necessariamente pelo nível da criatividade dos profissionais que nela se encontram. Pois, para favorecer o desenvolvimento da criatividade dos alunos, é importante contar com professores motivados a utilizar práticas pedagógicas criativas; educadores assim motivados servirão de modelo e estímulo ao desenvolvimento do potencial criador de seus alunos.

Devo concordar com Simone Lederman, mestra em Psicologia Educacional e gestora do Instituto Catalisador, que acredita que muitas vezes é interessante sair do esquema de sala para abrir a possibilidade de conhecimento dos alunos. "A sala de aula não pode ser um limite. A aprendizagem pode acontecer na escola, nos corredores, nos laboratórios e nas ruas também. A cidade está aí para ensinar os estudantes".

Quando nós fornecemos e incentivamos a criatividade em sala de aula, damos aos alunos estímulos ao desejo de aprender, o pesquisador e professor do Massachusetts Institute of Technology (MIT), Mitchel Resnick, diz que: "As crianças aprendem sobre o processo criativo: como começar uma ideia, criar algo baseado nela, compartilhá-la com os outros, testá-la para ver como funciona e revisá-la com base nos experimentos e nas interações com os colegas. Elas continuamente refinam suas ideias. Isso está no centro do processo criativo, que é tão importante no mundo de hoje."

Portanto, é necessário observar a necessidade do cultivo de atitudes e habilidades criativas, desde crianças até jovens, conscientizando-se sobre a importância de incluir em nosso planejamento objetivos que visem potencializar a criatividade dos educandos.

Nós professores podemos muito mais do que imaginamos e através de nossas atitudes, temos o poder de mudar a vida de alguém. Por mais que às vezes criemos algo e que pareça simples para nós, fará muita diferença na vida de uma criança. E isso importa! Demonstra interesse, amor e cuidado com quem está conosco todos os dias e com a profissão que escolhemos. Ser professora pedagoga é isso, criar, recriar, montar, cortar e transformar uma sala de aula ou até mesmo uma escola em um lugar acolhedor, lúdico e criativo, aberto à construção do conhecimento novo e do descobrimento.

Hoje, te convido a conhecer um pouco mais dessa minha criatividade em meu Instagram, onde a compartilho com milhares de professores que, assim como eu, acreditam que o método criativo pode sim, fazer muita diferença não só na sala de aula durante a exposição de um conteúdo, mas também a dar espaço para que a criança construa o seu desenvolvimento, suas atitudes e sua forma de ver o mundo.

> Professores criativos terão
> também alunos criativos.
> Somos exemplos para eles!
>
> **Tháfila Lorena**

VALÉRIA GARCIA

Aos 26 anos, me mudei para Barra Mansa, interior do RJ, onde iniciei a minha trajetória na Educação. Passei no concurso público para o cargo de auxiliar de secretaria e logo comecei a ter novas expectativas profissionais dentro da escola, que era um lugar agradável. Então, prestei novos concursos para secretaria, escolar e professora do Ensino Fundamental I.

Com essa experiência, conheci tanto a parte pedagógica quanto a parte administrativa da escola. Não demorou muito para que eu, mesmo sem nenhuma pretensão, ocupasse o cargo de gestora de uma das unidades do município, onde estou há mais de 20 anos, dos quais 15 são na Gestão Escolar.

@valgarcia.gestora

valgarcia_pedagogia@yahoo.com.br

+55 (24) 98841-7364

29 DESENVOLVENDO A AUTOCONFIANÇA

Por Valéria Garcia

Sou de família simples, pai motorista e mãe dona de casa, com três filhos incluindo a mim. Típica família carioca, que passou por muitas dificuldades financeiras, essa era a minha realidade na adolescência. Encantei-me pelos estudos desde muito cedo. Logo que aprendi a ler, buscava saciar minha curiosidade lendo tudo o que aparecia e, na época, tinha acesso aos livros de bolso que meu tio deixava em minha casa. Apesar das dificuldades, meus pais sempre fizeram questão que estudássemos; como eu sempre tive certeza de que através dos estudos poderia melhorar a minha vida e conquistar minha independência - algo que desejei desde muito cedo - buscava aprender na literatura tudo o que podia. Nada foi tão fácil como imaginava, porém nunca pensei que seria impossível.

Já casada, passei em um concurso público e minha nomeação como auxiliar de secretaria chegou logo depois do meu primeiro filho ter nascido. Ali começavam as minhas realizações profissionais, de maneira discreta; meu intuito era ter um salário fixo e fazer a faculdade de Direito que sempre sonhei, mas ainda não era o momento, a situação ainda não permitia. Trabalhei por 3 anos, vislumbrei novos cargos, onde eu poderia melhorar o meu salário e prestei mais dois concursos, que chegaram no final da licença-maternidade do meu segundo filho. Um ano depois, ingressei na faculdade de Direito, a vida estava corrida: casa, marido, filhos, trabalho, mas a faculdade era a realização de um sonho e compensava tudo isso. Cheguei ao 8º período da faculdade e queria que todos a minha volta estudassem, fizessem uma graduação, vivia dizendo para as pessoas que a graduação traz uma nova visão, novas perspectivas, enfim eu estava muito feliz com aquele meu momento e queria arrastar quem estivesse perto de mim. Por causa disso, acabei prestando vestibular para uma faculdade de Pedagogia à distância para acompanhar uma amiga, surpreendentemente fui aprovada, não era minha intenção cursar aquela faculdade, mas passei no vestibular e resolvi tentar.

Eu que desejava tanto ter uma graduação, agora estava cursando duas faculdades ao mesmo tempo e por 2 anos eu fiz isso. Terminei o Direito e precisei trancar a faculdade de Pedagogia por dois anos, até finalizar uma especialização em Direito. Retomei a Pedagogia, ao mesmo tempo que fui convidada para ser diretora adjunta da escola onde já trabalhava há um bom tempo.

De tanto eu insistir, vi as minhas colegas de trabalho aos poucos voltando a estudar e se formando, algumas em normal superior, outras em Pedagogia. O nível da conversa era outro, o olhar sobre a educação havia mudado em muitos aspectos, e eu ficava feliz com cada graduação concluída, o conhecimento traz segurança, liberta.

Três anos depois me tornei diretora geral da mesma escola e ainda falava para as pessoas, que já eram outras, sobre a importância de estudar, e ainda insisto nessa missão até hoje, meus auxiliares são todos graduados em processo de formação, muitos pelo meu incentivo.

A história mais bonita que conto é essa: certo dia, eu estava em uma reunião com a equipe de limpeza da escola, composta por quatro mulheres simples, que faziam um trabalho exemplar, mas chegavam ao final do dia cansadas do trabalho pesado e repetitivo que realizavam diariamente na escola. Nesse dia, eu me lembro de dizer a elas: "Existe outras coisas para se fazer além de limpar o chão da escola". Contei minha trajetória de como cheguei ali, disse o quanto elas eram importantes para a escola, mas que existiam outras pessoas precisando daquele trabalho, assim como existiam outros lugares esperando por elas para fazer novos trabalhos. Além de tudo, não faltariam dentro da escola pessoas que as ajudassem a retomar seus estudos; elas ficaram me ouvindo, sem comentar nada. Pouco tempo depois, uma das serventes voltou a estudar, hoje trabalha com escola, mas agora em uma creche.

São inúmeras as histórias que coleciono ao longo da minha trajetória, sempre incentivo pessoas a estudarem, não importa quem, não importa onde, estou sempre motivando e desenvolvendo a autoconfiança nas pessoas, principalmente as mais próximas, e isso é algo que me deixa orgulhosa com os resultados que tenho visto, pessoas se empoderando através do seu trabalho, tendo suas vidas transformadas, emocional e financeiramente.

Muitas vezes, o que a pessoa precisa é de um incentivo, de alguém que diga o quanto acredita na capacidade dela, para que ela se sinta motivada a tomar a decisão de começar ou recomeçar, dar o primeiro passo em direção ao que deseja em seu íntimo, é preciso despertar a vontade adormecida por tantas adversidades, ou mesmo por acomodação.

Motivar um adulto que já tem uma experiência de vida, que já descobriu na prática o que deu certo ou não, é um pouco mais simples e mais rápido, no entanto, não é garantia de um resultado positivo. Muitos, apesar de desejarem outros caminhos, não se sentem confortáveis para trilhar uma nova vida, buscar suas realizações, preferem continuar do jeito que estão a ter que sair da sua zona de conforto.

Embora eu tenha vivenciado muitas histórias de sucesso, de conquistas inesperadas, ao longo da minha trajetória na escola, venho percebendo uma grande mudança e uma enorme dificuldade, especialmente nos adolescentes e jovens, em acreditar nas suas potencialidades.

Autoconfiança é a capacidade de aproveitar as oportunidades que a vida oferece ou buscá-las e, a partir daí, conquistar seus desejos, fazer acontecer.

Vivemos um momento de muitas oportunidades, só não conquista seus desejos quem não tenta. Nem tudo é fácil, às vezes o caminho é longo, mas tem um pit de chegada que é compensador em todos os sentidos.

Nunca se viu na história da humanidade tantas formas de incentivo ao desenvolvimento humano, é uma explosão de materiais: livros, filmes, cursos, palestras, oportunizando a descoberta de si mesmo, entretanto, nunca testemunhamos tantas pessoas sofrendo de ansiedade, falta de motivação, falta de confiança em si mesmas, insegurança e tantos outros sentimentos que deprimem o indivíduo e o levam ao fundo do poço.

A frustração tão natural se tornou uma grande vilã da sociedade atual, os nãos recebidos da vida, agora se transformaram em um grande monstro que assombra muitos jovens, que desistem ao primeiro sinal de insatisfação.

Desenvolver autoconfiança é um fator importante para o bem-estar psicológico e emocional do ser humano, pois ajuda a conter a sua ansiedade, a lidar com o estresse e a depressão, no entanto é um processo que para muitos jovens tem sido complexo.

Considerando que a adolescência já é uma fase que frequentemente traz dificuldades para alguns jovens, pois é nesse período que a baixa autoestima se manifesta, que as mudanças físicas são notórias e normalmente não trazem satisfação, daí o momento é de se esconderem atrás do cabelo, da roupa e dentro do quarto, onde não podem ser criticados; não querem ser vistos, evitam a convivência familiar e dos colegas, embora seja um processo natural e faça parte da passagem para a vida adulta de todos nós.

Outros fatores externos ainda contribuem para o momento sofrido, agora os grupos sociais se formam e é preciso ser aceito, é preciso definir qual grupo escolher. Que critérios começam a despontar na personalidade que, aos poucos, toma uma forma individualizada? Tudo isso é muito subjetivo.

A autoconfiança hoje é uma habilidade a ser ensinada e, muitas vezes, necessita de cuidados especializados, psicólogos são cada vez mais requisitados para que ocorra a sua evolução. A escola, o professor, a família, podem incentivar, mas nem sempre é suficiente, os pais se mostram despreparados para essa empreitada, sofrem com as angústias de seus filhos sem saber o que fazer, sem reconhecer seus próprios filhos.

A escola não foge à regra, muitos dos nossos alunos tem graves crises, a palavra de ordem é ensinar a lidar com tanta informação; parece contraditório, mas fazer escolhas tem sido algo pesado para essa geração, eles estão sendo bombardeados de informações e não sabem o que fazer com elas, não estão preparados para isso, quanto mais opções, mais dúvidas, têm dificuldades em lidar com sua autorregulação, o medo é maior que sua autoconfiança, se escondem atrás de seus recursos tecnológicos e enfrentar os dilemas da vida tem sido um grande desafio.

Os gestores, junto com sua equipe, não são mais meros ministradores de conteúdos, pois junto com essa tarefa, vem a necessidade de desenvolver habilidades que antes eram consolidadas na família, através das brincadeiras, das conversas, da convivência familiar e com os amigos, momentos que tem se esvaziado com a substituição do afeto pelo bem material. Com isso, nossas crianças e jovens tem que aprender solitariamente e à duras penas, que crescer implica lidar com as frustações, com as negações da vida, com a necessidade de conquistar individualmente os seu sonhos e desejos.

A autoconfiança pode ser desenvolvida por meio de experiências positivas, aprendizado, prática e apoio de outras pessoas, mas cada pessoa pode encontrar estratégias que funcionam melhor para ela. O desenvolvimento das competências socioemocionais, que abarca a autoconfiança, tem sido recurso usado pelos profissionais da educação, mas ainda é um tanto quanto novo e não soluciona a curto prazo.

Além da lousa, educadores tem buscado implementar métodos e estratégias que viabilizem a formação de pessoas capazes de serem bem-sucedidas na vida, tanto em seu aspecto cultural, quanto emocional.

Além da lousa, buscamos resgatar o significado da vida.

Além da lousa, continuamos acreditando e lutando pela formação de pessoas de bem.

Além da lousa, acreditamos que somente com educação, afeto e equilíbrio emocional, podemos formar cidadãos críticos, conscientes do seu papel no mundo.

Autoconfiança é a capacidade de aproveitar as oportunidades que a vida oferece ou buscá-las e, a partir daí, conquistar os desejos.

Valéria Garcia

Referências Bibliográficas

Deliane Zebral

ANTUNES, Celso. **A construção de uma nova pedagogia para uma escola pública de qualidade**. 2. Ed. Rio de Janeiro: Vozes, 2003.

CYRULNIK, B. **Os patinhos feios**. São Paulo: Martins Fontes, 2004.

GROTBERG E. **The International Resilience Research Project**, in Rosswith, R. (ed.), Psychologys facing the challenge of a global culture with human rights and mental health, Pabst Science Publishers, 1999.

RUTTER, M. **Resilience in the face of adversity: protective factors and resistance to psychiatric disorder**. British Journal of Psychiatric, 1985.

Francislene Faustino

ANTUNES, Celso. **Alfabetização emocional**. Petrópolis, RJ: Vozes, 1999.

GARDNER, Howard. **Estruturas da mente: a Teoria das Múltiplas Inteligências.** Porto Alegre: Artes Médicas, c1994. Publicado originalmente em inglês com o título: The frams of the mind: the Theory of Multiple Intelligences, em 1983.

LIBÂNEO, José Carlos. **Didática**. 13 Ed. São Paulo: Cortez, 1994.

Kelem Lima

BORGES, Gustavo. **Prepara...vai**: **7 competências para resultados duradouros no seu negócio**. São Paulo: Editora Gente, 2022.

COVEY, Stephen R. **Os 7 hábitos das pessoas altamente eficazes**. Rio de Janeiro: Editora BestSeller, 2008.

Maiana Oliveira

(SANTOS; JUNIOR, 2018). SANTOS, Carla Madalena; JUNIOR, Pedro Donizete Colombo. **Interdisciplinaridade e educação: desafios e possibilidades frente à produção do conhecimento**. Revista Triângulo, v. 11, n. 2, p. 26-44, 2018.

Marta Esteves

BECKER, Daniel, no documentário: **O COMEÇO DA VIDA 2: LÁ FORA**. 2020, Produção da Maria Farinha. Direção de Renata Terra, (https://ocomecodavida2.com.br/) Disponível na Netflix e Globoplay

DESMURGET, Michel. **A fábrica de cretinos digitais** – O perigos das telas para nossas crianças, São Paulo, Editora Vestígio, 2022

FREIRE, Heike. **Educação Verde, Crianças Saudáveis** – Ideias e práticas para incentivar o contato de meninos e meninas com a natureza, São Paulo, Editora Cultrix, 2011

Patricia Ribeiro

SMITH, D. Fisher, D. **Better Than Carrots or Sticks: Restorative Practices for Positive Classroom Management**. ASCD. 2015.

Responsive Classroom. **The Joyful Classroom: Practical Ways to Engage and Challenge Students** K-6. Center for Responsive Schools, Inc. 2016.

DWECK, Carol. **Mindset: The new psychology of success.** Nova York: Random House Digital. 2017.

Ricardo Inocêncio Pereira

GRISA, Pedro A. **Liberte seu Poder Extra**. 11. ed. Florianópolis: EDIPAPPI, 2002.

LAKHIANI, Vishen. **O código da mente extraordinária: 10 leis para ser feliz e bem-sucedido fazendo o que você acredita**. Tradução de Edite Siegert. Barueri, SP; Novo Século Editora, 2017.

PAGNONCELLI, Henrique. **Águas passadas movem moinhos: o passado presente e atuante**. 1. Ed. Blumenau, SC: Bookids, 2018.

Hudson Rodrigues

BARBOSA, Christian. **A tríade do Tempo: um modelo comprovado para organizar sua vida e aumentar sua produtividade e seu equilíbrio**. São Paulo: Buzz, 2018.

MORAES, Joel. **Esteja, viva, permaneça 100% presente. O poder da disciplina, do foco e dos mini hábitos para conseguir realizar seu potencial máximo.** São Paulo: Gente, 2019.

VIEIRA, Paulo. **O poder da ação: faça sua vida ideal sair do papel.** São Paulo: Gente, 2015.

ARCURI, Nathália. **Como realizar metas em 2023!** Disponível em https://www.youtube.com/watch?v=azwIrsINIlg Acesso em: 07 jun 2023.

Luciana Aquino

ELROD, Hal. O Milagre da Manhã – Editora Best Seller, 2016.

Anna Virginia Felix de Araújo

BANDLER, Richard e GRINDER, John. Sapos em Príncipes – Programação Neurolinguistica. Summos Editorial, 3ª edição, 2004.

CASAGRANDE, Renato. O líder transformador: as competências para a mudança da escola, 1ª edição, 2014.

JAMES, C. Hunter. O Monge e Executivo – Uma história sobre a essência da liderança. Sextante, 4ª edição, 2009.

LIBÂNEO, José Carlos. Organização e gestão da escola – teoria e prática. 4ª Ed. Goiânia: Alternativa, 2001.

LÜCK, Heloísa. Gestão Educacional: uma questão paradigmática. 3 Ed. Petrópolis, RJ: Vozes, 2007.

PIAGET, Jean. Profissão professor. Lisboa: Porto Editora, 1991.

______. Estudos Sociológicos. Ed. Forense. Rio de Janeiro, 1973.

TOGNETTA, L. R. P.; VINHA, T. P. Construindo a autonomia moral na escola: os conflitos interpessoais e a aprendizagem dos valores, Revista Diálogo Educacional, v. 9, nº 28, p.525 a 540. Curitiba, 2009.

VASCONCELOS, Celso dos Santos – Planejamento: Projeto de Ensino- Aprendizagem e Projeto Político Pedagógico – elementos metodológicos para elaboração e realização – 12ª edição – São Paulo – Libertad Editora, 2004.VIVALDI, Flavia, A Função da escola: a implantação de um Projeto Institucional para convivência ética, publicação, Estado de São Paulo, FAPESP, Brasil, 2005 – 2020.

VYGOTSKY, L. S. Pensamento e linguagem. São Paulo: Martins Fontes, 1989.

______. A formação social da mente. São Paulo: Martins Fontes, 1984.

WALLON, H. Psicologia e materialismo dialético. In: WALLON, H. Objetivos e métodos da Psicologia. Lisboa: Editorial Estampa, p. 61-67, 1975.

ANOTAÇÕES

ANOTAÇÕES

ANOTAÇÕES

ANOTAÇÕES